sociología
y
política

Este libro está dedicado a mi compañera Reyna, a mis padres Carlota y Pedro y a la memoria de mi abuelo Fernando Martínez Rigoulet

FRONTERAS ABIERTAS: EXPANSIONISMO Y GEOPOLÍTICA EN EL BRASIL CONTEMPORÁNEO

por
PEDRO FERNANDO CASTRO MARTÍNEZ

siglo veintiuno editores

MÉXICO
ESPAÑA
ARGENTINA
COLOMBIA

siglo veintiuno editores, sa
CERRO DEL AGUA 248, MEXICO 20, D.F

siglo veintiuno de españa editores, sa
C/PLAZA 5, MADRID 33, ESPAÑA

siglo veintiuno argentina editores, sa

siglo veintiuno de colombia, ltda
AV. 3a. 17-73 PRIMER PISO. BOGOTA, D.E COLOMBIA

edición al cuidado de maría luisa puga
portada de anhelo hernández

primera edición, 1980
© siglo xxi editores, s. a.
ISBN 968-23-0990-5

derechos reservados conforme a la ley
impreso y hecho en méxico / printed and made in mexico

ÍNDICE:

INTRODUCCIÓN 7

1. ANTECEDENTES 15

   1. Relaciones preferenciales con Estados Unidos, 15;
   2. La política del liderazgo sudamericano, 33

2. EL CONTEXTO REGIONAL: LAS RELACIONES ENTRE ESTADOS UNIDOS Y AMÉRICA LATINA EN LAS DOS ÚLTIMAS DÉCADAS 44

3. LA POLÍTICA EXTERIOR INDEPENDIENTE 68

   La reformulación de la política exterior, 68; Las dificultades del gobierno populista, 73; Relaciones Brasil-Estados Unidos, 80; Relaciones Brasil-países latinoamericanos, 85; Relaciones Brasil-países africanos-Portugal, 94

4. BRASIL: POTENCIA SUBIMPERIALISTA 98

   Imposición y consolidación del subimperialismo, 98; La doctrina geopolítica, 108; La construcción del complejo industrial-militar, 116; Relaciones Brasil-Estados Unidos, 121; Relaciones Brasil-países sudamericanos, 142; Relaciones Brasil-países africanos y Portugal, 180

BIBLIOGRAFÍA 195

La fatalidad histórica es que por determinismos geográficos, políticos, demográficos y económicos estemos nosotros, los brasileños, condenados a ser los líderes de América del Sur, como los Estados Unidos lo son de América del Norte, Rusia de Europa Oriental, y Japón de Asia. No queremos ese liderazgo, no lo ambicionamos, no lo buscamos. Ni siquiera lo usurpamos. Está llegando naturalmente a nuestras manos en el seno de un proceso irreversible. Ni tarde ni temprano, sino en la hora justa, estaremos empuñando ese cetro, con humildad y casi pidiendo disculpas.

MELO FILHO, editorialista de la revista brasileña *Manchete*

INTRODUCCIÓN

Uno de los temas más importantes de la política internacional de América Latina contemporánea es el que se refiere a la relación singular que Brasil ha tenido con los Estados Unidos, con los países sudamericanos, así como con Portugal. Estas áreas políticas han estado integradas dentro de un proyecto que intenta realizar los sueños hegemonistas del Brasil, en el que el consentimiento de los Estados Unidos aparece como la condición fundamental.

En el trabajo que presentamos hacemos una revisión ilustrativa y una explicación de los hechos más notables de la política exterior del Brasil en los años 1960-1978 hacia los países que hemos apuntado, en un intento de proporcionar algunos elementos que favorecen el análisis histórico del proceso expansionista brasileño actual en su conjunto, proceso de imprevisibles aunque seguramente graves consecuencias para el futuro de las relaciones internacionales en el ámbito continental.

En los últimos años ya se han contemplado los adelantos de lo que podrían ser las acciones subimperialistas del Brasil en lo que considera su área de influencia natural. La existencia de "teorías" sobre el papel hegemónico del Brasil en el cono sur de América y África; la existencia de planes específicos de invasión de países vecinos, como el Operativo Treinta Horas; la presencia de Brasilia en los golpes militares de Chile, Bolivia, Uruguay, así como la creciente participación brasileña en "proyectos para el desarrollo conjunto" con los países hispanoamericanos y africanos, no dejan dudas sobre lo que es y quiere ser la nación sudamericana en una parte del mundo.

La inclinación del Brasil a tener influencia y ejercer

predominio en el subcontinente no es nueva. Si analizamos con cuidado su crecimiento territorial, así como sus acciones más allá de sus fronteras, advertimos la existencia de una suerte de "destino manifiesto". Llama la atención el hecho de que, al parecer, el expansionismo más temprano no estuvo acompañado de ninguna ideología elaborada que sirviera de guía para la acción consciente. Hoy sabemos que los colonos portugueses y brasileños se preocuparon por ganar la mayor cantidad de terreno posible a unos vecinos que eventualmente podrían hostilizarlos, y por encontrar esclavos, piedras preciosas y oro en los interiores del Amazonas.

Las tendencias del Brasil a buscar la hegemonía en el cono sur del nuevo continente se han mantenido presentes en los últimos dos siglos, con mayor o con menor intensidad. A principios de la década de 1960, con el gobierno populista, la proyección del Brasil en el exterior sufría notables innovaciones. Ahora sus bases iban a radicar en la solidaridad con el tercer mundo, particularmente con los países latinoamericanos y africanos, la cooperación con el mundo socialista y la alianza con Argentina. Los Estados Unidos ya no serían la condición indispensable para que la política exterior alcanzara sus fines, aunque seguiría siendo un socio importante del Brasil.

Castelo Branco revierte una vez más la política exterior del Brasil, en interés de la "relación especial" con los Estados Unidos. Aquí encontramos de nuevo la intención expansionista del país del cono sur. Washington, el factor decisivo en el equilibrio de poderes en el hemisferio occidental, debía ser el aliado de Brasilia otra vez. Sin la cooperación estrecha con el país del norte fracasaría el esquema geopolítico pacientemente elaborado en la Escuela Superior de Guerra.

A los Estados Unidos también les convenía hacer socio al país más grande de América Latina y delegarle funciones secundarias de dominación cuando fuere preciso. En opinión de los norteamericanos, Castelo y sus sucesores tenían la capacidad necesaria para realizar algunas tareas auxiliares de la seguridad hemisférica. Las concepciones castrenses de la seguridad y la defensa nacional como precondiciones del desarrollo económico, conducían necesariamente a una preocupación renovada por los vecinos del país en el subcontinente. El interés por la seguridad interna, surgido en el cuadro de la guerra fría, pero celosamente preservado en la época de la coexistencia pacífica por los gobernantes brasileños, tendía a desdoblarse en preocupaciones por la estabilidad política y económica de los países vecinos.

Subyacentes a las posiciones de base geopolítica y a las relaciones del Brasil con los países sudamericanos y africanos se encuentran varios hechos. En primer lugar, las pretensiones brasileñas de conseguir mercados para sus exportaciones. En los últimos años, Brasil ingresó en el comercio internacional de manufacturas, por lo que ha buscado una participación cada vez mayor en los mercados nacionales de América Latina, África y Portugal. Sus impulsos son motivados por los problemas de su balanza de pagos, la necesidad de ampliar el empleo interno, y la imposibilidad de mantener la producción industrial en los estrechos límites que impone el mercado brasileño. En segundo lugar, la carencia de algunas materias primas estratégicas (sobre todo de hidrocarburos), indispensables para el desarrollo brasileño ha impulsado a los militares en el poder a buscarlas en los países sudamericanos y africanos, a través de compañías binacionales. En la última década se han constituido empresas donde el capital brasileño participa con un porcentaje del cincuenta por ciento o más de su capital total, empresas dedicadas a explotar petróleo, gas y cobre de Bolivia, Chile, Perú, Colombia y Angola, así como energía hidroeléctrica de Paraguay y Uruguay. En tercer lugar, y de manera no menos importante, están las necesidades estratégicas del Brasil en su lucha por la hegemonía en el cono sur. El control de fuentes de materias primas como el hierro y la energía hidroeléctrica de algunos países vecinos —indispensables para el desarrollo de la siderurgia argentina—, ha desempeñado un papel crucial en la lucha subimperialista contra el país platino.

Las relaciones del Brasil con los Estados Unidos, si bien tienen puntos de complemento esencial, también contienen una buena dosis de contradicción que se ha manifestado por momentos. Esta situación ha llevado a hablar de un patrón presente en los vínculos entre los dos países, esenciado en el término "cooperación antagónica". Vale la pena reflexionar sobre los límites de la cooperación y del antagonismo en un futuro próximo, cuando Brasil sea una potencia industrial y tenga un poder militar propio. Podemos pensar en que un eventual regreso al nacionalismo y un mayor crecimiento del capitalismo de estado brasileño podrían conducir a un serio enfrentamiento con los Estados Unidos en el campo económico y político, referido sobre todo al área sudamericana y africana negra.

El primer capítulo de nuestro trabajo se dedica a hacer un examen de las dos constantes más notables en las relaciones del Brasil con los países del continente americano: la construcción de las bases de lo que el profesor Burns ha llamado, con toda razón, la "alianza tácita" entre Brasil y los Estados Unidos; y, por otro lado, la puesta en marcha de la política tendiente a hacer de aquel país el líder del área sudamericana. Ambos hechos florecen espléndidamente en la política exterior del Barón de Rio Branco, de principios del siglo xx. Este original personaje fue el primero en percibir la estrecha relación que existía entre las dos políticas: para hacer posible la conversión del Brasil en una potencia respetada en el continente, se precisaba de una alianza íntima con los Estados Unidos. Tal antecedente del "canje leal" es la manifestación elocuente de una suerte de "destino manifiesto" condicionado y dependiente que ya se distinguía con claridad a principios del presente siglo, y que tenía sus raíces en la época colonial. Sin variaciones esenciales, las concepciones elaboradas por Rio Branco se encuentran presentes durante medio siglo, hasta que el régimen populista de 1960-1964 las pone en entredicho. Después de esta pausa, las ideas del Barón, renovadas por los geopolíticos brasileños, volvieron a tener plena vigencia.

El segundo capítulo se refiere a la coyuntura regional: las relaciones entre Estados Unidos y América Latina en las dos últimas décadas, que estuvieron determinadas por los principios de la guerra fría y que recibieron tardíamente los efectos relajadores del "descongelamiento" de las tensiones entre los bloques fundamentales del poder internacional. Huelga subrayar que las tendencias contrarrevolucionarias influyeron en el surgimiento de situaciones nuevas a partir del principio de la década de 1960 en la política latinoamericana. Entre ellas destacamos la que nos parece más importante: la militarización del estado en América Latina. De manera diferente al pasado, los militares empezaron a encumbrarse en el poder con un proyecto nacional fincado en las docrinas del "desarrollo y seguridad", nacidas en el Pentágono y difundidas a través de las escuelas norteamericanas de guerra. En el caso del Brasil, aquí se impuso en 1964 un modelo de régimen que no tardaría en ser imitado por otros países latinoamericanos.

Los sucesivos gobiernos castrenses brasileños han trabajado para construir un nuevo orden, fincado en el desarrollo capitalista asociado a los Estados Unidos y la decapitación de todos los movimientos que se le oponen. La confianza de Washington ante el éxito obtenido por los militares del Brasil al poner en marcha un nuevo orden interno acorde con las necesidades de la dominación imperialista, le permitió hacerlos partícipes en las tareas de control de los países de América del Sur, con todo lo que ello significa, autorizándoles de este modo la realización de sus sueños hegemónicos en una parte del continente. Por otro lado el "repliegue" norteamericano para atender problemas más espinosos en otras regiones del mundo dio luz verde para la creación de "aliados preferenciales" de los que Brasil es un buen ejemplo.

El capítulo tercero nos habla de la política exterior

del populismo. Los gobiernos de Jânio Quadros y de João Goulart (1961-1964) se esforzaron por ampliar el campo de operaciones de la política internacional brasileña al llamado "tercer mundo" (sobre todo los países latinoamericanos y africanos), y al mundo socialista. Tal política pretendía varios objetivos, todos ellos interrelacionados. Por un lado, buscaba llevar a cabo una forma singular de oposición al imperialismo norteamericano a fin de que Brasil pudiera mejorar los términos de negociación frente a él. Por otro lado, trataba de responder a los graves problemas económicos y políticos que Brasil enfrentaba en aquella coyuntura.

El comienzo de la década de 1960 presenció el agotamiento de la fase de sustitución de importaciones de bienes de consumo corriente y el estancamiento de los bienes tradicionales de exportación del Brasil. Los efectos de esta situación, sobra decirlo, no tardaron en presentarse en la esfera de la política y de la sociedad. La situación inflacionaria, a la que Kubitschek había hecho una contribución sustancial, atentaba peligrosamente contra el nivel de vida de los trabajadores y de un sector importante de la clase media.

La política exterior independiente fue vista como un modo de abrir nuevas posibilidades a la economía brasileña, principalmente en lo que se refiere a la exportación de manufacturas y la captación de recursos financieros de fuentes diferentes a las norteamericanas. La otra parte de la política exterior independiente fueron las reformas políticas y económicas destinadas a renovar las estructuras de poder y sacar a la economía brasileña del *impasse* en que se encontraba.

El cuarto y último capítulo se dedica al estudio de las relaciones del Brasil con los Estados Unidos, los países sudamericanos y africanos y Portugal en el marco de la geopolítica en el período de los militares en el poder. La conjunción de una serie de factores se encuentra en la base de la proyección brasileña en aquella parte del mundo. Entre ellos podemos mencionar: los intereses político-estratégicos de los Estados Unidos, las nuevas tácticas de dominación imperial, la recesión norteamericana, los problemas del desarrollo capitalista brasileño, la supremacía de un sector con mentalidad imperialista en el gobierno de Brasilia, la existencia de una ideología geopolítica, la presencia de naciones vecinas de niveles inferiores de desarrollo, pero ricas en reservas de materias primas estratégicas y no estratégicas, con mercados formados y constantes manifestaciones de efervescencia política, y, finalmente, la proximidad de un país (Argentina), en la búsqueda de la hegemonía en América del Sur.

A partir de 1964 se modifica la política exterior del Brasil de acuerdo a los intereses de los nuevos sectores gobernantes. Usando el principio de la "interdependencia continental", los brasileños vuelven a tener la relación tradicional que los había ligado a los Estados Unidos en el pasado. La alineación de los militares a Washington no ha estado exenta, sin embargo, de manifestaciones de independencia relativa de parte de Brasilia, pero no han tenido tal envergadura que pongan en peligro los vínculos existentes hasta ahora. La alianza del Brasil con los Estados Unidos le han permitido al primero poner en práctica una serie de acciones que se dirigen a conseguir un área de influencia política y económica en América del Sur y en el África negra. El gran país del cono sur, por estar dentro de la categoría de los países subdesarrollados que tienen un sector industrial medianamente desarrollado, y por aspirar al rango de potencia de primer orden en fecha próxima, persigue la posición de país líder en su región vecina.

Sería largo hacer una lista completa de las personas que de diversas maneras hicieron posible que este libro llegara a su término. Ruy Mauro Marini, con su talento y paciencia singulares, hizo observaciones que mejoraron en forma notable el contenido del trabajo, y su aliento constante representó una inspiración fundamental. Rosario Green, mujer en quien se conjuga el talento, la honradez y la nobleza de trato, fue una presencia vigilante en mis afanes y vacilaciones a lo largo y a lo ancho de esta aventura. José Thiago Cintra aportó ideas sugestivas desde los principios del trabajo y durante nuestra ya larga relación su fina sensibilidad ha estimulado la confianza en mis proyectos intelectuales. Manuel Álvarez, de la Biblioteca de El Colegio de México, y Heladio Rivero, de la Biblioteca Benjamín Franklin, ayudaron a superar los obstáculos que se presentaron en el proceso de la investigación documental. Mi esposa Reyna soportó con su tolerancia infinita mis encierros y dio el empuje necesario para hacer público el resultado de los esfuerzos ejecutados. Gracias a todos.

1. ANTECEDENTES

1. RELACIONES PREFERENCIALES CON ESTADOS UNIDOS

El último tercio del siglo XIX significó la modificación del pacto neocolonial que se había establecido con la independencia latinoamericana de España y Portugal, cuando la hegemonía británica cedía terreno en forma paulatina al predominio económico y político de los Estados Unidos sobre sus vecinos del sur. La creciente prosperidad industrial norteamericana, la recuperación de su agricultura de exportación, la presencia cada vez más notable de su flota mercante en los dos grandes mares y el rápido desarrollo de sus nuevas fronteras, insinuaron que los Estados Unidos se acercaban a la hora de realizar los más caros propósitos de la doctrina Monroe.

El último emperador del Brasil, Pedro II, haciendo frente a su manera a la fatalidad histórica, resolvió ser el precursor de la idea de optimizar los frutos de una vinculación en la que el gigante sudamericano necesariamente ocuparía una posición subordinada frente a Washington.

La visita de Pedro II a Norteamérica en 1876 sentó las primeras bases de una "relación tradicional" entre los Estados Unidos y Brasil, que se realizaría plenamente en el siglo XX. En ese momento los tratos comerciales entre los dos países se desarrollaban con cierto éxito: ya en 1870, Norteamérica era uno de los principales mercados de los productos brasileños de exportación, tales como el café, el caucho y el cacao. A la caída de la monarquía, Brasil empezó a asociarse más cercanamente a los Estados Unidos. La nueva forma republicana de gobierno, que se estableció el 15 de noviembre de 1889 fue una versión poco modificada de la existente en el país del norte. Por otro lado, la expansión del cultivo del café ya se encontraba firmemente ligada a la pujanza económica norteamericana.[1]

En 1902 ascendió al Ministerio de Relaciones Exteriores del Brasil el Barón de Rio Branco, llamado el "padre de la diplomacia brasileña" por el notable impulso que le dio a la política internacional de su país. Desde el inicio de su desempeño, Rio Branco emprendió acciones dirigidas a unir estrechamente a Brasil con los Estados Unidos. Personaje dotado de una visión e inteligencia poco comunes, comprendió la tendencia ascendente de Norteamérica a la conversión en una potencia de primer orden y en el centro hegemónico continental, y determinó optimizar los frutos de una relación desigual en provecho de su país.

El cambio de eje de la diplomacia brasileña de Londres a Washington tuvo lugar durante el Ministerio de Rio Branco —que duró hasta 1912. La resolución arbitral del presidente Cleveland de 1895, que favorecía las demandas brasileñas sobre el territorio de Misiones contra los intereses argentinos, la política norteamericana de *hands off* en el delicado problema del territorio de Acre, así como el desafiante mensaje de los Estados Unidos a los europeos en ocasión de la disputa fronteriza entre Venezuela y la Guayana Británica, habían creado un clima favorable a la construcción de la *entente* brasileño-norteamericana. Así, Rio Branco calificó a Washington como el lugar más importante para la diplomacia brasileña y aconsejó a sus enviados que se mantuvieran en estrecho contacto con el Departamento de Estado. Los Estados Unidos, por su parte, correspondieron con idéntico agrado a su hermano del sur. Las dos naciones intercambiaron embajadores en 1905. El punto culminante del acercamiento fue la visita del secretario de Estado Root a Río de Janeiro en 1906,

---

[1] Burns, E. Bradford, *The unwritten alliance: Rio-Branco and Brazilian-American relations,* Nueva York, Columbia University Press, 1966, p. 200.

gesto considerado un símbolo vivo y elocuente de la "relación especial" entre los dos gigantes.[2] Cuando el presidente Teodoro Roosevelt dio un paso más en la construcción de la ideología imperialista norteamericana con el "corolario Roosevelt a la doctrina Monroe", en diciembre de 1904, Rio Branco reaccionó favorablemente y le expresó su apoyo incondicional. Desde el punto de vista del "Canciller de Oro", Brasil, al igual que Chile y Argentina, no tenían nada que temer de Norteamérica. Él entendió que el corolario se dirigía a las "repúblicas inestables del Caribe", que con su "irresponsabilidad" provocaban la justa ira de los europeos y que necesitaban, por tanto, de la "ayuda preventiva de los Estados Unidos".[3] Por otro lado, Brasil reconoció que el Caribe era la zona de influencia natural de Washington, así que aceptó de inmediato la creación de la República de Panamá y apoyó tácitamente otras intervenciones norteamericanas en el área. Detrás de esta disposición se encontraban las pretensiones imperialistas del Brasil:

Brasil reconoció la esfera de influencia de los Estados Unidos en el Caribe, mientras los Estados Unidos no intervinieran en la esfera de influencia del Brasil, Uruguay, Paraguay y Bolivia. Parece haber existido un acuerdo tácito en el que Brasil reconocía la hegemonía de los Estados Unidos en América del Norte si los Estados Unidos respetaban las pretensiones brasileñas a la hegemonía en Sudamérica.[4]

Rio Branco introdujo a los Estados Unidos en la balanza de poder sudamericano y reforzó la posición diplomática del Brasil en la región merced a este hecho. Con-

[2] Burns, E. B., "Tradition and variation in Brazilian foreign policy", en Astiz, Carlos Alberto y Mary F. McCarthy (comps.), *Latin American international politics; ambitions, capabilities, and the national interest of Mexico, Brazil and Argentina*, Notre Dame, University of Notre Dame Press, 1969, p. 180.
[3] Burns E. B., *The unwritten alliance... op. cit.*, p. 151.
[4] *Ibid.*, p. 207.

tando con el país más poderoso del continente, y además con la tercera potencia sudamericana (Chile), Rio Branco consiguió modificar la relación de fuerzas en el área en favor de la nación brasileña y, por lo tanto, en detrimento de Buenos Aires. Consecuencia importante de esta actuación fue el poder contener a Argentina, tanto dentro del hemisferio como dentro de Sudamérica. Los Estados Unidos, por su parte, tenían también cosas que ganar de una relación estrecha con Brasil. En la época del *big stick* y del *dollar diplomacy*, cuando Norteamérica era el blanco de acusaciones de todo el mundo por sus intromisiones en los países hispanoamericanos del Caribe, una opinión favorable de parte de un miembro destinado a desempeñar un papel de importancia en la política continental era deseada y bien recibida.

La primera década del siglo actual presenció una seria crisis de sobreproducción de café que obligó al gobierno brasileño a tomar medidas severas a fin de invertir la caída de los precios en el mercado internacional.[5] La comprensión de este hecho exige una breve introducción histórica. Desde la época de la colonia, Brasil había basado su economía en el monocultivo. Hacia 1860 la cosecha dominante era la del café, y por un período de casi cuarenta años constituyó la base de un lucrativo comercio exterior. Ya para 1885 Brasil era el primer productor mundial del estimulante, con más de la mitad de la producción mundial, y hacia 1900 de las haciendas cafetaleras brasileñas salían más de las dos terceras partes del consumo de toda la tierra. Sin embargo, a partir de 1896 la oferta comenzó a ser superior a la demanda, y el precio, en consecuencia, empezó a descender abruptamente. Esto puso en crisis el sistema

[5] Al sostenerse el precio del café en niveles altos en forma artificial se estimuló la tendencia a la sobreproducción y se mantuvo una política de subsidios y préstamos que acabaron de empeorar la situación de la deuda externa brasileña. Por otro lado, se favoreció el desarrollo de la producción en otras partes del mundo, que con el paso del tiempo representó una seria competencia al café brasileño.

económico del Brasil, que recibía del café el 60-70% de sus divisas.

A fin de resolver el problema, el gobierno federal puso en marcha un programa de valorización del café, que consistía en retirar del mercado una parte de la cosecha del grano cuando hubiese problemas de sobreproducción, misma que se vendería cuando fuese menor a la demanda. El nuevo plan funcionó con tal éxito que se repitió en 1917 y 1921, aunque tuvo consecuencias negativas a largo plazo.[6]

En 1911 surgieron dificultades entre los Estados Unidos y Brasil a propósito de la valorización del café. El procurador general norteamericano sostenía que el programa violaba la fracción 75 de la *Wilson Tariff Act* y la fracción 6 de la *Sherman Antitrust Act*, por lo que el gobierno de los Estados Unidos podría embargar y confiscar los bienes brasileños en su país, en represalia por las medidas aplicadas. En esa época los Estados Unidos consumían el 40% de la producción total de café, o sea, cerca de 950 millones de libras de café al año. Por lo tanto, un aumento de seis centavos por unidad de café significaba 57 millones de dólares al año que tendrían que pagar en exceso los consumidores norteamericanos. El embajador brasileño protestó por la decisión judicial, alegando que las cortes extranjeras no tenían jurisdicción sobre los actos de un estado soberano. Después de una serie de notas de gobierno a gobierno, Washington acordó no aplicar sanciones con la condición de que las existencias de café valorizado en Nueva York fuesen vendidas en el mercado libre antes del 13 de abril de 1913.[7] Uno de los resultados de la controversia fue la suspensión temporal por Brasil de las tarifas preferenciales a los bienes norteamericanos. A fin de revivir las buenas relaciones entre Estados

[6] *Foreign relations of the U. S.*, 1913, pp. 39-55, citado en Stuart, Graham, *Latin American and the United States*, Englewoood Cliffs, Nueva Jersey, Prentice Hall, sexta edición, 1975, p. 682.

[7] *Ibid.*, pp. 59-67.

Unidos y Brasil, el gobierno norteamericano extendió una invitación al Dr. Lauro Müller, canciller brasileño, a visitar Washington para corresponder a la visita hecha por el secretario Root a Brasil en 1906. El Dr. Müller aceptó la invitación y fue bien recibido en Norteamérica.[8]

Cuando estalló la primera guerra mundial muchos creyeron que Brasil seguiría una política favorable a las potencias centrales, ya que en este país existía una influyente inmigración procedente de Alemania en los estados sureños de Santa Catarina y Río Grande do Sul, de unos 450 000 miembros aproximadamente. Sin embargo, la guerra submarina de los alemanes, que era una amenaza mortal a la marina mercante brasileña, y la entrada de los Estados Unidos en la contienda pusieron al país sudamericano en el bando de los aliados. El 11 de abril de 1917, inmediatamente después del hundimiento del buque brasileño Paraná frente a las costas de Francia, se rompieron las relaciones diplomáticas con Alemania. El 22 de mayo el presidente Braz conminó al congreso a revocar la neutralidad de Brasil en favor de los Estados Unidos. En su discurso al congreso señaló que

la nación brasileña, a través de su órgano legislativo, puede sin intenciones belicosas, pero con determinación, adoptar la actitud de uno de los beligerantes que forma parte integral del continente americano al que estamos ligados por una similitud de opiniones políticas en la defensa de los intereses vitales de Norteamérica y de los principios aceptados por el derecho internacional.[9]

El rompimiento final llegó el 26 de octubre de 1917, cuando se aprobó la resolución del congreso brasileño en la que se declaraba el estado de guerra. Se estableció

---

[8] De Carvalho, Delgado, *Historia diplomática do Brasil*, São Paulo, Companhia Editora Nacional, 1969, p. 369.
[9] *Brazilian Green Book*, Londres, 1918, citado por Stuart, *op. cit.*, p. 684.

el servicio militar obligatorio; se envió una misión a los Estados Unidos con el fin de hacer los arreglos de la cooperación militar y la compra de equipo; se mandó una flota de cruceros ligeros a luchar al lado de los británicos; aviadores y médicos brasileños sirvieron en el frente occidental y se multiplicaron los esfuerzos por incrementar la exportación de alimentos y materias primas industriales a los aliados.[10]

Después de la guerra Brasil participó en la Liga de las Naciones, con más entusiasmo que los Estados Unidos, y fue electo miembro temporal del Consejo de la Liga. Cuando fueron emitidos los votos para jueces de la Corte Permanente de Justicia Internacional, Brasil mostró su confianza en Norteamérica al escoger como uno de sus candidatos al muy conocido Mr. Eliu Root. Cuando la corte fue finalmente constituida, Brasil retuvo un destacado lugar para su representante, Ruy Barbosa. A pesar de las buenas intenciones originales de cooperación, el país sudamericano se retiró de la Liga de las Naciones en 1926 al ver frustrados sus deseos de ser miembro permanente.[11]

Después de la primera guerra mundial, continuó el incremento sostenido del comercio entre Estados Unidos y Brasil. Éste concedió un trato preferencial del 20 al 30% en favor de algunos productos provenientes de Norteamérica, y después de 1922 prevaleció el principio de la nación más favorecida en las relaciones comerciales entre los dos países. Al mismo tiempo, las inversiones norteamericanas en Brasil se elevaron de 50 millones de dólares en 1913, a 624 millones en 1932. Los vínculos financieros se expandieron a principios de la década de 1920 que dieron como resultado que los acreedores

[10] Vianna, Hélio, *Historia diplomática do Brasil*, Río de Janeiro, Ediçoes Melhoramentos, 1958, pp. 189-194.
[11] De Sousa Sampaio, Nelson, "The foreign policy of Brazil", en Black, Joseph E. y Kenneth W. Thompson (comps.), *Foreign policy in a world of change*, Nueva York, Harper and Row, 1963, p. 629.

norteamericanos tuvieran, hacia 1927, cerca de la tercera parte de la deuda externa del Brasil.[12]

Los principales problemas en las relaciones norteamericano-brasileñas a principios de la década de 1930 fueron consecuencia del *crack* económico mundial. Para Brasil la gran depresión significó un grave daño a su economía que desde la independencia gozaba de una balanza comercial favorable, fincada en la exportación de un producto que permitía al gobierno contratar créditos para poder enfrentar los déficit presupuestales. La situación había adquirido matices tan alarmantes que a fines de la década de 1920 la nación pudo haberse enfrentado a una crisis económica aun cuando no hubiera existido depresión mundial. Los préstamos externos contratados por la administración de Washington Luis fueron suficientes para cubrir temporalmente la severa declinación del precio del café que apareció antes de 1929. De cualquier modo, a consecuencia de que en 1931 la balanza comercial brasileña arrojaba los mayores superávit en el período de entreguerra, la crisis cambiaria de Brasil se retrasó para el año siguiente.

Para 1932 los años de sobreendeudamiento combinados con las restricciones al intercambio derivadas de la depresión mundial habían consumido las reservas del Brasil. El valor de sus exportaciones se había reducido a menos de un tercio de lo normal, mientras que el costo de las importaciones había aumentado. Bajo estas circunstancias, Brasil no podía proveerse de las divisas necesarias para pagar sus obligaciones externas. Tal condición afectó de inmediato los intereses norteamericanos en Brasil. Las negociaciones concernientes a este problema representaron la principal actividad en las relaciones diplomáticas entre Brasil y los Estados Unidos a principios de la década de 1930. El secretario Hull utilizó los buenos oficios para asegurar el buen trato a los intereses norteamericanos y la promoción de políticas

[12] Winkler, Max, *Investment of United States capital in Latin America*, Boston, 1929, pp. 86-87, 247-248, citado por Stuart, *op cit.*, pp. 685-686.

comerciales liberales. Al emprender estas acciones el Departamento de Estado respetó las limitaciones y los problemas del Brasil y rechazó el uso de la intervención diplomática o la fuerza para cobrar las deudas o exigir el cumplimiento de las obligaciones internacionales.[13]

Se esperaba que el Acta Comercial de 1934 ayudaría notablemente a mejorar las relaciones comerciales entre Estados Unidos y su cliente favorito en el cono sur. Dicho acuerdo, que se hizo efectivo en enero de 1936, fue el primero que Estados Unidos firmó con una nación sudamericana. Bajo sus términos, Washington acordó rebajar las tarifas arancelarias para productos brasileños tales como manganeso, nueces de Brasil, café y cacao. En correspondencia, Brasil bajó sus tarifas para varios productos norteamericanos. Los resultados de las medidas fueron altamente positivos: dos años después de que se pusieran en vigor, hubo un aumento de 36 millones de dólares en comparación con los dos años anteriores. Con la segunda guerra mundial se incrementó aún más el comercio entre los dos países. Hacia 1940 Brasil realizó casi el 50% de su comercio total con los Estados Unidos, que estaba valuado en aproximadamente 280 millones de dólares.[14]

Cabe recordar que, como una muestra de la amistad de Brasil con los Estados Unidos, se concluyó un acuerdo bilateral el 6 de noviembre de 1922 para el envío de una comisión norteamericana de diecisiete oficiales navales y diecinueve de otras armas por un período de cuatro años para reorganizar la armada brasileña. El doctor Zeballos, ministro de Relaciones Exteriores de Argentina, hizo expresión del resentimiento causado a su país por este hecho y alegó que dicho convenio interfería con los programas de limitación de armamentos entre las potencias del ABC (Argentina, Brasil y Chile).

En 1930, como una medida de economía se le permitió a la misión volver a su país de origen, pero en 1932

[13] *Ibid.*, pp. 687-688.
[14] *Ibid.*, p. 688.

se firmó un nuevo acuerdo para que llegara a Brasil una misión estadunidense más pequeña. Los vecinos latinoamericanos protestaron con fuerza, a tal grado que obligó a que tanto el gobierno norteamericano como el brasileño declararan públicamente que los planes de cooperación militar no eran privativos sólo para esas dos partes, sino que eran extensivos a todos los países del sur del río Bravo.[15]

El problema principal que surgió en las relaciones entre Brasil y los Estados Unidos inmediatamente antes de la segunda guerra mundial se derivó de la influencia nazi en Brasil. Los primeros motivos de la preocupación de Washington fueron el golpe de estado de Vargas de 1937 y la formación del *estado novo*, organización política con grandes similitudes con los regímenes nazi-fascistas, y la declaración de neutralidad que Vargas había expresado.

El momento de mayor tensión tuvo lugar cuando el gobierno brasileño, poco después de la Octava Conferencia Interamericana de diciembre de 1938, decidió que las medidas de defensa colectiva prevalecientes en el hemisferio occidental no aseguraban la tranquilidad brasileña. En un gesto favorable hacia Alemania, Brasil tomó la iniciativa de restablecer las relaciones entre los dos países. En realidad lo que pretendía el gobierno brasileño con estas maniobras era tener un margen mayor de actuación frente a los Estados Unidos, como se vio posteriormente, cuando los militares sostuvieron que su cooperación en la defensa del nordeste brasileño debía ser contingente a la disposición de Washington de proveer equipo adicional a las fuerzas armadas. De cualquier modo, a partir del final de la década de 1930 se reafirmó el eje Washington-Río de Janeiro, y la necesidad de la cooperación brasileña condujo a los Estados Unidos a adoptar la política de ofrecer asistencia financiera y militar a Brasil destinada a fortalecer su economía y proveer material para su defensa.[16]

[15] *Ibid.*, p. 685.
[16] *Ibid.*, p. 689.

En 1939 el ministro brasileño del Exterior, Aranha, visitó Washington, donde se produjo un programa elaborado para la cooperación económica más cercana con los Estados Unidos. Un crédito por casi 20 millones de dólares extendido por el EXIMBANK inauguró el compromiso norteamericano en la construcción de la infraestructura del Brasil por medio de ayuda a los programas de industrialización dirigidos por el estado. Al año siguiente, Warren L. Pierson, presidente del EXIMBANK, después de un examen de las condiciones en Brasil, recomendó la construcción de una moderna planta siderúrgica, cuya maquinaria sería suministrada por los Estados Unidos. Se esperaba que esta planta de acero, localizada en Volta Redonda, cerca de Río de Janeiro, produciría material suficiente para satisfacer los requerimientos de acero del Brasil. Estados Unidos hizo un préstamo por 20 millones de dólares destinado a la planta, y Brasil aportaría los otros 25 millones. La voluntad de Washington de apoyar el proyecto fue sin duda favorecida por el conocimiento de que el presidente Vargas había negociado activamente con Alemania nazi su asistencia para establecer la industria acerera brasileña.[17]

El hundimiento de varios buques brasileños por los alemanes provocó la declaración de guerra del Brasil a la nación germana el 18 de agosto de 1942. En realidad, eran de esperarse una cosa y la otra, dada la estrecha cooperación que había sostenido el país sudamericano con los Estados Unidos desde hacía varios años. En su retorno de África a Norteamérica en enero de 1943, el presidente Franklin D. Roosevelt se detuvo en Brasil con el propósito de entrevistarse con el doctor Vargas. En esta ocasión se acordó una colaboración más cercana entre los dos gobiernos en materia de la defensa de zonas estratégicas del Brasil y la lucha conjunta contra la guerra submarina sostenida por el Eje.

[17] Skidmore, Thomas E., *Politics in Brazil, 1930-1954: an experiment in democracy*, Nueva York, Oxford University Press, 1967, pp. 44-45.

Las vastas disponibilidades de material estratégico en Brasil y la situación estratégica de la comba de Natal fueron activos de gran valor en la lucha contra el Eje. La enorme base aérea construida por los Estados Unidos en Natal, que durante la guerra se decía que iba a ser una de las más grandes del mundo, fue un importante trampolín para el transporte de tropas y de abastecimientos bélicos y alimenticios dirigidos a los frentes de Europa y África. En efecto, cuando los alemanes se rindieron en 1945, el *United States Production Board* declaró que "sin la producción brasileña de materiales estratégicos los Estados Unidos no hubieran podido realizar sus planes".[18]

Brasil, por otra parte, fue uno de los pocos países de América Latina que envió tropas de combate a luchar en la gran contienda: la Fuerza Expedicionaria Brasileña (FEB), que actuó en el frente italiano en compañía del Cuarto Cuerpo comandado por los Estados Unidos. Este hecho trajo consecuencias insospechadas que se manifestarían con fuerza en la vida política y militar del Brasil en un futuro próximo.

La participación del país sudamericano logró una integración del material, organización, procedimientos y tácticas del ejército brasileño con el de los Estados Unidos. Además, en dicha contienda se forjaron una serie de amistades personales que también tendrían gran importancia. Es necesario mencionar los vínculos estrechos que existían entre el oficial de operaciones de la fuerza brasileña, Castelo Branco, y el oficial de enlace entre el Cuarto Cuerpo de Estados Unidos y las fuerzas brasileñas, Vernon Walters, quien se desempeñaría como agregado militar de Estados Unidos en Brasil durante

---

[18] McCann, Jr., Frank, "Aviation diplomacy: United States and Brazil, 1939-1941", *Inter-American Economic Affairs*, núm. 24, primavera, 1968, pp. 35-50. Un panorama completo de las relaciones entre Estados Unidos y Brasil en esta época se encuentra en la obra del mismo autor, *The Brazilian-American alliance 1937-1945*, Princeton, Princeton University Press, 1973.

el período 1962-1967. Finalmente, otra consecuencia de la participación del Brasil en la segunda guerra mundial fue la relación surgida entre los aliados incorporados al pacto por el cual se creó la Comisión de Defensa Conjunta entre Brasil y los Estados Unidos. Dicho convenio instituía un programa de intercambio de alto nivel acerca de problemas de seguridad, no incluido en los demás tratados bilaterales con países de América Latina.[19]

Brasil gozó una relativa prosperidad a consecuencia de la segunda guerra mundial: vendió sus exportaciones a precios altos y recibió 361 millones en fondos de préstamos y arriendo de los Estados Unidos. Sin embargo, el sobregasto y una balanza comercial desfavorable redujeron seriamente las reservas externas de la nación hacia 1948, volviendo difícil que el país pudiera enfrentarse a sus obligaciones internacionales. A fin de resolver la situación, se estableció la Comisión Técnica norteamericano-brasileña en 1948, "para analizar los factores que retrasan el desarrollo económico del Brasil". La delegación norteamericana, llamada Misión Abbink, después de una pesquisa cuidadosa recomendó la puesta en marcha de un extenso programa de desarrollo agrícola, industrial, mineral y energético, el incremento de la inmigración, la mejora de los sistemas de transporte y la garantía de un "trato justo" a los inversionistas norteamericanos en Brasil.[20]

Los brasileños se encontraron seriamente disgustados a principios de la década de 1950 a consecuencia del "descuido" norteamericano hacia la región. Ellos pensaron que su contribución a la causa aliada en la segunda guerra mundial no había sido debidamente apreciada y resintieron el hecho de que el plan Marshall estuviera dirigido exclusivamente hacia Europa. Sin embargo, los lamentos eran exagerados. Brasil había recibido más

---

[19] Stepan, Alfred, *Brasil: los militares y la política*, Buenos Aires, Amorrortu Editores, 1971, p. 155.
[20] Stuart, *op cit.*, p. 692.

préstamos del EXIMBANK que cualquier otro país latinoamericano, y las operaciones del USIS en Brasil eran las mayores del área.[21]

Impulsado por la gravedad de la guerra de Corea, el presidente Truman asistió a la Cuarta Reunión de Consulta de ministros de Relaciones Exteriores en Washington en marzo de 1951. Él invitó a América Latina a que se uniera a los Estados Unidos en "una batalla por la libertad" tanto en Europa como en Asia. João Neves da Fontura, el embajador brasileño, hablando en nombre de las delegaciones latinoamericanas, estuvo de acuerdo en la necesidad de una "movilización para la paz", pero declaró que los países al sur del río Bravo debían tener un mejor plan de cooperación que el que existió con los Estados Unidos en la segunda guerra mundial.

En un esfuerzo por conseguir el apoyo hemisférico a la política de guerra fría de los Estados Unidos, el secretario de Estado, Dean Acheson, visitó Brasil y otros países de América Latina a mediados de 1952. Allí, dirigiéndose a sus anfitriones, dijo: "los Estados Unidos quieren ayudar a Brasil de todas las maneras posibles en su esfuerzo hacia el progreso económico, y es de mutuo interés que cada miembro de la alianza sea tan fuerte como se pueda". Señaló además que los acuerdos bilaterales de asistencia militar se concluían con los estados latinoamericanos con propósitos de "defensa mutua". Brasil fue el primer país del continente en firmar un acuerdo de este tipo en 1953.[22]

En el campo de la cooperación financiera, los Estados Unidos desarrollaron en esta época una intensa actividad en Brasil. Así, el Programa Punto Cuatro en Brasil fue el más grande en América Latina. Basado en un amplio programa de inversiones, se dirigía a la modernización de ferrocarriles y puertos, expansión de la producción de energía eléctrica, equipo para el mante-

[21] *Ibid.*, p. 693.
[22] *Ibid.*, p. 694.

nimiento y mejoramiento de carreteras y maquinaria eléctrica. Aparte del Programa Punto Cuatro, Brasil recibía empréstitos procedentes del EXIMBANK y del Banco Mundial en volúmenes superiores a los de cualquier país del subcontinente.[23] En opinión de los gobernantes brasileños, todo esta "ayuda" era insuficiente y demandaban un programa similar al plan Marshall. Este problema no impidió que Brasil tomara una posición solidaria con los Estados Unidos en la Décima Conferencia Interamericana que tuvo lugar en Caracas en marzo de 1954, para tratar el tema de "la intervención del comunismo internacional en las repúblicas americanas".

En esta ocasión la delegación brasileña dio un apoyo considerable a las proposiciones norteamericanas de condenar al régimen de Jacobo Arbenz en Guatemala.

En agosto de 1954, el presidente Vargas fue obligado a renunciar por los líderes militares y se suicidó a continuación. En su última nota denunció que el gran capital nacional e internacional habían provocado su derrocamiento. El sucesor de Vargas, el vicepresidente João Café Filho manifestó desde un principio que su administración deseaba fortalecer los lazos entre Brasil y los Estados Unidos.

El presidente Juscelino Kubitschek, que ocupó la presidencia de Brasil de 1956 a 1961 dio un impulso sin precedente a las relaciones económicas y políticas con los Estados Unidos. La explicación de este hecho radica en el desarrollo mismo del capitalismo brasileño. Kubitschek, al igual que Filho, hereda una situación de crisis aguda debida a los problemas del sistema de exportación, que se manifiestan en una baja sostenida de los precios de los productos exportados y en la incapacidad del mercado norteamericano para absorber las cantidades necesarias a fin de que Brasil pudiera hacer frente a los requerimientos de su industrialización. Por otro lado, el régimen de propiedad de las tierras, que concentraba en pocas manos el uso del suelo, limitaba la oferta de

---

[23] *Ibid.*, pp. 695-696.

alimentos y materias primas industriales y asfixiaba la necesaria expansión del mercado interno. Personaje conservador en grado sumo y ligado a los grandes empresarios paulistas, Kubitschek abre la economía brasileña a las inversiones norteamericanas para poder resolver el problema de la adquisición de divisas.[24] Inmediatamente después de que asciende a la presidencia, se dirige a los Estados Unidos, y declara ante el senado norteamericano que su país rechazaba la tiranía y se colocaba al lado de los Estados Unidos en su lucha contra las "ideologías extremistas".[25]

Kubitschek contó con el apoyo generoso de los Estados Unidos para su política de desarrollo industrial. Recibió 35 millones de dólares para la expansión de la industria siderúrgica, 25 millones para ferrocarriles, un crédito del EXIMBANK por 151 millones y una venta de trigo a cubrirse su pago en tres años. Todos estos préstamos hacían un total de 350 millones de dólares. Por otro lado, los inversionistas extranjeros aprovecharon óptimamente la Instrucción 113 de la Superintendencia de la Moneda y del Crédito (actual Banco Central), que creó el marco jurídico para la atracción del capital extranjero, y el Plan de Metas, que acarreó 2.5 millones de dólares en inversiones privadas.[26] Un informe del *U. S. Department of Commerce* de 1957, informó que

[24] Marini, Ruy Mauro, *Subdesarrollo y revolución*, México, Siglo XXI, 1974, pp. 63-64.
[25] Stuart, *op. cit.*, p. 698.
[26] La Instrucción 113 fue firmada en enero de 1955 por el director de la Superintendencia de la Moneda y del Crédito (después Banco Central). Por medio de dicha disposición las empresas extranjeras se liberaban de la cobertura cambiaria y se discriminaba a las empresas nacionales al no concedérseles dicho privilegio. La Instrucción 113 fue la base de la orientación adoptada por el gobierno a partir de 1956, cuando se formuló el Plan de Metas. En términos generales, dicho plan era la acumulación de planes sectoriales, sin coordinación entre sí, que abrían las puertas al capital extranjero sin restricciones. Con la ayuda de la Instrucción 113 y del Plan de Metas entraron un promedio de 112 millones de dólares anuales al Brasil en el período 1956-1961. Sodré, Nelson

las corporaciones norteamericanas en Brasil tenían 1 200 millones de dólares invertidos en subsidiarias brasileñas, que pagaban cerca de 600 millones anuales en concepto de salarios e impuestos. Esta inversión estadunidense era la mayor de América Latina, excepción hecha de la ubicada en la industria petrolera venezolana.[27]

Buscando enfocar mayor atención de los Estados Unidos a Latinoamérica y también allegarse mayores créditos en el marco del sistema interamericano, Kubitschek envió una carta al presidente Eisenhower en mayo de 1958, en la que propuso un nuevo programa llamado "Operación Panamericana".

El plan comprometería a los Estados Unidos en un programa multilateral de desarrollo económico latinoamericano de gran alcance. Más tarde se delineó el plan OPA. Cuatro eran sus puntos más importantes: a] intensificación de la inversión inicial en las áreas económicamente atrasadas del continente, a fin de compensar la carencia de recursos financieros internos y la escasez de capital privado; b] programación de la asistencia técnica para mejorar la productividad y garantizar, de este modo, la inversión realizada; c] protección de los precios de las exportaciones latinoamericanas, y d] actualización de los organismos financieros internacionales, mediante la ampliación de sus recursos y la liberación de sus estatutos, con objeto de facilitarle mayor margen de acción.[28]

Todo parecía indicar que el presidente Eisenhower respondería en forma favorable al plan de Kubitschek. El secretario de Estado, Dulles, fue enviado a Brasil en agosto, y después de entrevistarse con el mandatario brasileño declaró que "América Latina tiene un importante papel que desempeñar entre las naciones del mundo, y

---

Werneck, *Brasil: radiografía de un modelo,* Buenos Aires, Editorial Orbelus, 1972, pp. 100-101 y 106.

[27] *New York Times,* 11 de septiembre de 1957.

[28] Victor, Mário, *Cinco años que abalaram o Brasil (de Jânio Quadros ao marechal Castelo Branco),* Río de Janeiro Editora Civilização Brasileira, 1965, p. 235.

debería ser más activa en la formulación de las políticas del mundo libre." En relación a Brasil, dijo Mr. Dulles: "Nos hemos hecho interdependientes en lo que concierne a la seguridad y bienestar de nuestros pueblos."[29] Posteriormente, el presidente Eisenhower, preocupado por el brusco giro que habían tomado las relaciones con el régimen de Fidel Castro, visitó Sudamérica a principios de 1960 con el objeto de preparar el camino para lanzar un programa de ayuda aparentemente similar al que el presidente Kubitschek había propuesto en la Operación Panamericana, y que anticipó la Alianza para el Progreso (ALPRO).

Los mandatarios Kubitschek y Eisenhower se reunieron en Brasilia y proclamaron en el 23 de febrero "una cruzada hemisférica para el desarrollo económico". Más tarde, a través de canales diplomáticos, Washington confirmó que llevaría adelante la Operación Panamericana en el Acta de Bogotá de septiembre de 1960.

La iniciativa de Kubitschek marca una fecha importante en la historia de las relaciones interamericanas: Brasil sugirió, con el apoyo del resto de los países latinoamericanos, que los Estados Unidos proporcionaran al subcontinente un plan de ayuda semejante al Plan Marshall para resolver los problemas económicos de la región. Este programa, en opinión de Kubitschek, como su similar europeo, debía descansar básicamente en los fondos públicos. La respuesta norteamericana a la propuesta, como lo apuntamos, fue la ALPRO, negación esencial de la OPA, puesto que daría la "ayuda" —compuesta en su mayor parte de fondos privados— siguiendo el aborrecido patrón del bilateralismo. En un sentido, la política exterior del régimen populista que seguiría al de Kubitschek hacia los países latinoamericanos —orientada a la formación de un bloque regional para negociar con los Estados Unidos— obedeció a la frustración de las expectativas que representó la ALPRO a las esperanzas del subcontinente.

[29] *New York Times*, 11 de junio de 1958.

2. LA POLÍTICA DEL LIDERAZGO SUDAMERICANO

A lo largo de todo el siglo XIX, Brasil y Argentina se disputaron la supremacía sobre Uruguay y Paraguay, sin que la lucha llegara a una conclusión definitiva. En 1816, al tener lugar la independencia de Argentina, las tropas portuguesas invadieron la Banda Oriental y la anexaron al Brasil. En 1825 estalló una sublevación local contra los brasileños que fue inmediatamente apoyada por Buenos Aires, y tres años después éstos fueron expulsados de la Banda, pero acordaron con los argentinos establecer la república independiente de Uruguay como un colchón entre sus respectivos países. Este resultado fue obtenido gracias a la mediación británica, pues Inglaterra regularmente apoyaba las pretensiones del Brasil contra Argentina en este período. Las luchas internas entre los partidos Blanco y Colorado en Uruguay dio a Argentina y a Brasil otra excusa para intervenir y, entre 1836 y 1852 tuvo lugar en Uruguay la llamada Gran Guerra, con los argentinos apoyando a los blancos y los brasileños a los colorados. La caída del dictador Juan Manuel de Rosas en 1852 tuvo como consecuencia la salida de Argentina de la lucha y aseguró la independencia de Uruguay con la categoría de *buffer state*.

En 1864, el dictador paraguayo, Francisco Solano López, entró a la lucha por el poder sudamericano contra Argentina y Brasil, bajo el pretexto de apoyar a una de las facciones políticas en Uruguay. Atacando primero a Brasil y luego a Argentina, y con Uruguay en contra, después de seis años de sangrienta lucha y la aniquilación del 80% de la población masculina del Paraguay, la guerra concluyó con la derrota de Asunción. Tanto Brasil como Argentina tomaron porciones del territorio paraguayo, dejando un estado rampa entre ellos a manera de colchón. En el resto del siglo XIX una lucha por el poder entre Argentina y Brasil permaneció inconclusa. Hacia 1883 (al final de la segunda guerra del Pacífico), el prestigio regional en América del Sur se compartía entre Argentina, Brasil y Chile, las llamadas potencias del ABC.[30]

La expansión y consolidación del territorio brasileño fueron algunas de las preocupaciones principales de la política exterior del Brasil en esa época. La orientación más importante de la diplomacia del imperio (1829-1889) y de la Vieja República (1889-1930) fue la frontera. Los expansionistas *bandeirantes* (pioneros) empezaron a invadir más allá de la demarcación de la línea de Tordesillas mucho antes de que Brasil se independizara de Portugal, en parte porque ninguno de los vecinos sudamericanos del Brasil era lo suficientemente fuerte para ocupar el corazón del cono sur.

Parece claro que los primeros gobernantes portugueses y brasileños fueron geopolíticos instintivos como lo fueron los fundadores de los Estados Unidos. Los administradores coloniales, los gobernantes imperiales y aun los patriarcas de la Vieja República creyeron en una suerte de "destino manifiesto" a ser realizado por el Brasil.

Una mirada a los mapas del Brasil en las diferentes épocas nos permite advertir algo así como un plan que ha seguido el crecimiento lusitano-brasileño en América. Primero ocupan las capitanías de la costa, dentro de la línea de Tordesillas, pero apenas se vence el obstáculo de las serranías, las *bandeiras* desbordan completamente la línea fronteriza llegando a internarse en las nacientes del Amazonas y del Orinoco, en busca de esclavos, de caucho y de yacimientos auríferos, diamantíferos y de esmeraldas. En el avance periférico se penetra en los territorios de la América hispana. Una vez que se logra en cierta medida el control del Amazonas, se pretende el del Río de la Plata, primero con la Colonia del Sacramento, después con la Cisplatina, pero sin resultados duraderos.[31]

---

[30] Bailey, Norman A., *Latin America in world politics*, Nueva York, Walker and Company, 1967, pp. 56-57.
[31] Gonçalves, Raúl Botelho, *Proceso del imperialismo del*

Uno de los principales objetivos del Barón Rio Branco fue incrementar el prestigio de Brasil en el mundo y conseguirle un lugar preponderante en América del Sur. Para tal objeto, el canciller fortaleció las relaciones diplomáticas de su país con toda América Latina. En 1904 despachó ministros residentes a Colombia y Ecuador. En 1906 Brasil acreditó representantes diplomáticos en Costa Rica, Cuba, Gutemala, Honduras, El Salvador, Nicaragua y Panamá por vez primera. Buenos Aires, Santiago y Lima se convirtieron en los puestos más importantes de América Latina, y asignó para estos lugares a los diplomáticos más hábiles y asociados más cercanos. Reconociendo la importancia de México en la comunidad panamericana, el Barón estableció una legación brasileña en este sitio en 1906. Por otro lado, Rio Branco coordinó los reconocimientos argentino, brasileño y mexicano de Panamá. Ruy Barbosa habló con el apoyo de todos los países de América Latina cuando él demandó la igualdad de las naciones en la Corte de Arbitraje de La Haya. Itamaraty ayudó a resolver el conflicto entre Perú y Ecuador, encontró una solución para el *impasse* sobre las demandas Alsop que amenazaban las relaciones chileno-norteamericanas e invitó a los Estados Unidos a que enviara una representación permanente a Paraguay.[32] Cualesquiera que hayan sido los sentimientos personales de los brasileños hacia sus repúblicas vecinas, todos los líderes entendieron la importancia de tener relaciones amistosas con ellos. Rio Branco organizó la exitosa Tercera Conferencia Panamericana de Río de Janeiro en 1906, que consolidó y dio permanencia al movimiento panamericano. El acercamiento con las repúblicas latinoamericanas, así como con los Estados Unidos tenía una finalidad específica: la de que Brasil fuera un punto de convergencia de las

Brasil (de Tordesillas a Roboré), La Paz, Bolivia, s.e., 1960, pp. 107-108.

[32] Burns, Bradford E., "Tradition and variation in Brazilian foreign policy", *op. cit.*, p. 178.

tres Américas y de que el continente girara en torno al eje Brasil-Estados Unidos.[33]

La primera realización importante del Barón de Rio Branco en lo que toca a las relaciones con los países vecinos fue el arreglo de las fronteras, que durante cuatrocientos años causaron problemas a los pobladores de la región. Gracias al profundo conocimiento de la historia y de la geografía sudamericanas y a una inigualable paciencia y habilidad, el padre de la diplomacia brasileña ganó una serie de brillantes victorias que empezaron con el arbitraje sobre el territorio de Misiones hecho por el presidente Grover Cleveland en 1895, y que terminaron con el acuerdo con Perú en 1909. El "Canciller de Oro" delineó cerca de nueve mil millas de frontera y ganó para su país, apoyándose en el principio del *uti possidetis* un territorio de 342 000 millas cuadradas, un área mayor que el territorio de Texas. En este sentido, él trajo a una exitosa y pacífica conclusión más de cuatro siglos de expansión brasileña, así como el reconocimiento de las ganancias territoriales por el derecho internacional.[34]

Cuando Rio Branco empezó sus funciones de canciller, las relaciones entre Argentina y Brasil fueron amistosas, y continuaron de esta manera a pesar del hecho de que Argentina estaba muy preocupada por la expansión brasileña en el Acre.[35] Las buenas relaciones no tardaron en enfriarse a partir de 1905. Los argentinos criticaron amargamente el programa de expansión naval y el establecimiento de la embajada brasileña en Washington. El canciller acabó por afirmar que el presidente Quintana (1904-1906) era poco amistoso con Brasil y que éste debería abandonar los intentos de entendimiento con Argentina. A partir de este momento la lucha por la supremacía sudamericana se hizo más abierta

[33] Rodrigues, José Honório, "The foundations of Brazil's foreign policy", en *Latin American international politics, op. cit.*, p. 208.
[34] Burns, Bradford E., *op. cit.*, p. 117.
[35] Burns, B. E., *The unwritten alliance...*, *op. cit.*, p. 183.

enre los dos colosos. El clímax de las malas relaciones se dio a mediados de 1908, a propósito del escándalo del Telegrama Número Nueve, un telegrama confidencial enviado por Rio Branco a la legación brasileña en Santiago. Zeballos, ministro del exterior de Argentina, reclamó el hecho de que se estuviera fraguando un complot en contra de su país por Brasil y Chile. La realidad de las cosas era que dicho telegrama sólo mencionaba que Argentina buscaba impedir el acercamiento Brasil-Chile por todos los medios. La opinión que prevaleció fue la de Rio Branco, y Zeballos, en consecuencia, renunció a su puesto el 20 de junio de 1908.[36]

Otro de los pilares de la política exterior del Brasil en esa época, aparte de la amistad con los Estados Unidos, fueron las buenas relaciones con Chile, quien gozaba de gran prestigio en el lado occidental de Sudamérica, después de sus victorias sobre Perú y Bolivia en las dos guerras del Pacífico. La buena disposición que tenía el Barón hacia Chile se hizo explícita cuando surgieron las dificultades entre Chile y los Estados Unidos. La compañía Alsop era una empresa minera a quien Bolivia le había otorgado concesiones de explotación de nitrato y salitre en la zona de Antofagasta. Después de las guerras del Pacífico el territorio donde se encontraba la concesión pasó a la soberanía de Chile, quien no reconoció los arreglos anteriores. La mencionada compañía solicitó el concurso del gobierno norteamericano, que buscó resolver el asunto por medio del arbitraje con la condición de que Chile aceptara el principio del derecho de los Estados Unidos a intervenir a petición de sus nacionales afectados. Cuando Chile rehusó conceder esa condición, el Departamento de Estado amenazó con romper relaciones diplomáticas. Gracias a la intervención brasileña, que propuso que se dejara la cuestión al arbitraje por una tercera parte sin que se discutiera el derecho de los Estados Unidos de intervenir en favor de las demandas de sus ciudadanos, Norteamérica aceptó

[36] *Ibid.*, pp. 183-185.

que Eduardo VII de Inglaterra fuera el árbitro y se terminaron los problemas.[37]

El 25 de febrero de 1938 se entrevistaron los plenipotenciarios de Bolivia y Brasil en Itamaraty y firmaron cuatro tratados, dos de ellos de significativa importancia para el desarrollo económico y vinculación del oriente boliviano con el Brasil. Ellos se referían a la vinculación ferroviaria entre Corumbá (Brasil) y Santa Cruz de la Sierra (Bolivia), con prolongación probable a Cochabamba, para trazar una ruta ferroviaria interocéanica a través de la Bolivia mediterránea, que uniese al puerto de Arica sobre el Pacífico con el de Santos sobre el Atlántico. En este punto es necesario mencionar que Santa Cruz de la Sierra pertenece al *heartland* de Charcas, que tiene como bondades geográficas el ser compacto, situado centralmente, rico en recursos, temperatura y clima, inmune al ataque marítimo y dominador de las fuentes de los dos sistemas fluviales más grandes del continente —el Amazonas y La Plata. Todas estas características están de acuerdo con los requerimientos geopolíticos del "área pivote" o "área central". El núcleo del *heartland* de Charcas está formado por las ciudades bolivianas de Sucre, Cochabamba y Santa Cruz de la Sierra.[38] Uno de los tratados se refería a la salida y aprovechamiento del petróleo boliviano, por medio del cual Bolivia obtenía la concurrencia de capitales brasileños "para realizar los sondeos necesarios destinados a determinar el verdadero valor industrial de los yacimientos petrolíferos de la zona subandina boliviana, que se extiende desde el Parapetí al norte" (art. I). Brasil destinó 750 000 dólares a ser rembolsados en petróleo. Por el artículo VI se asumió el compromiso bilateral de que la "explotación del petróleo de la indicada zona subandina se hiciera por intermedio

[37] *Ibid.*, pp. 136-138.
[38] Tambs, Lewis A., "Geopolitical factors in Latin America", en Bailey Norman A. (comp.), *Latin America: politics, economics and hemispheric security*, Center for Strategic Studies, Nueva York, Frederick A. Praeger Publishers, 1965, pp. 34-35.

de sociedades mixtas boliviano-brasileñas, organizadas de acuerdo con las leyes vigentes en cada país".

Las sociedades así formadas tendrían la obligación de destinar el petróleo producido, una vez que hubieran sido satisfechas las necesidades del consumo interno de Bolivia, al abasto del mercado brasileño, con el propósito sustancial de conquistar y conservar dicho mercado y siempre que esta medida no afectara la existencia de aquellas sociedades. El remanente del petróleo que no hubiera sido colocado en Bolivia o en Brasil podría exportarse a través del territorio brasileño o por otras vías, debiéndose dar preferencia, en igualdad de condiciones económicas, a la ruta Santa Cruz Corumbá.[39] La obra ferroviaria fue realizada en parte, pero lo relativo a la salida y aprovechamiento del petróleo boliviano se había estancado por las dificultades para ponerlo en ejecución, no sólo porque era impreciso en algunas de sus partes, sino también porque dada la cuantiosa concentración de capitales de inversión que requiere la industria petrolera, ninguno de ambos países estaba en condiciones de llevarla a efecto.

El presidente Kubitschek abrió la fase definitiva para la ejecución de los tratados de 1938. En julio de 1956 el presidente electo de Bolivia, doctor Hernán Siles Suazo, hizo una visita oficial a Brasil, y en aquella oportunidad acordó con el presidente Kubitschek, con referencia a la salida y aprovechamiento del petróleo boliviano, que se constituyese una comisión especial con la finalidad de actualizar los tratados de 1938 para ponerlos en consonancia con las circunstancias que vivían ambos países. Posteriormente, el 23 de enero de 1958 se encontraron en Corumbá (Brasil) los cancilleres brasileño y boliviano, dando comienzo a las conversaciones sobre los asuntos en disputa, hasta el 25 de ese mes, en que ambos se trasladaron a Roboré (Bolivia), donde prosiguieron las negociaciones hasta llegar a un entendimiento, para actualizar los tratados de 1938 sobre explo-

---

[39] Gonçalves, *op. cit.*, pp. 152-153.

tación y salida del petróleo boliviano y abastecimiento de éste al Brasil, ferrocarril Corumbá-Santa Cruz de la Sierra, límites, intercambio económico-comercial y asuntos de vinculación cultural y comunicaciones. De esta manera los llamados Acuerdos de Roboré, veinte años más tarde de los tratados de 1938, entraron en vigor el 29 de marzo de 1958 al ser firmados por los cancilleres de Bolivia y Brasil.[40] Una vez más, como se llegaría a hacer costumbre, dichos convenios fueron desenterrados para favorecer el acercamiento brasileño-boliviano. Es interesante hacer notar que la puesta en marcha de los tratados pudo realizarse hasta mucho después, cuando los militares del Brasil estaban ya bien plantados en la presidencia.

Con el advenimiento de Juan Domingo Perón al poder en Argentina, se abrió una nueva fase en la lucha por la hegemonía sudamericana. El Manifiesto del Grupo de Oficiales Unidos (GOU) —el grupo militar que dio el golpe de 1943 y llevó a Perón a la silla presidencial— hizo público el hecho de que Brasil era la parte desafiante de Argentina por el liderazgo sudamericano, por lo que era preciso neutralizar su influencia a través del "cerco histórico" dirigido por Buenos Aires, que comprometería a Paraguay, Chile, Bolivia y Uruguay. Perón, por su parte, gastó miles de millones de dólares adquiridos en el *boom* de las exportaciones argentinas en su intento de ganarse a los países vecinos, con la compra de empresas extranjeras de servicios, la formación de una confederación regional del trabajo (que tenía por abreviatura la palabra ATLAS), la agencia de noticias Agencia Latina y la expansión de las fuerzas armadas argentinas.

Hacia 1951 la lucha por la hegemonía de parte de Argentina alcanzó su apogeo. ATLAS había tenido un éxito relativo. El gobierno paraguayo estaba alineado con Buenos Aires y las iniciativas diplomáticas en Uruguay, Bolivia y Chile, aunque no tan exitosas como en

---

[40] *Ibid.*, pp. 163-166; De Carvalho, *op. cit.*, pp. 327-355.

Paraguay, no pudieron ser contraatacadas por Brasil.[41] A continuación, el gobierno argentino delineó un plan de integración regional llamado Unión Económica Sudamericana, cuyo objetivo sería servir como plataforma de liderazgo, reserva de mercado para las exportaciones y medio de apoyo para oponerse a los Estados Unidos. En 1953, el general Perón se entrevistó con el general Carlos Ibáñez, presidente de Chile, con el objeto de conseguir su apoyo en la construcción del mencionado sistema. Ibáñez era calificado como enemigo jurado del expansionismo brasileño. En la capital chilena se firmó un convenio llamado "Acta de Santiago", que fue el primer documento del proyecto. A los pocos meses después, se suscribió otro tratado en Buenos Aires, por el que se creaba un órgano central: el Consejo General de Unión Económica Chileno-Argentina. Paraguay no tardó en adherirse a la Unión Económica, y se estableció un consejo mixto formado por representantes de ambos países. Al terminar el año, Ecuador se unió al proyecto peronista. Bolivia, a causa de sus problemas internos, se solidarizó un año después de que se iniciaron las negociaciones. Brasil, Uruguay y Perú, por diferentes motivos, permanecieron al margen del proyecto. Como se vería posteriormente, Argentina había propuesto el plan de unión económica a causa de sus dificultades coyunturales con los Estados Unidos.[42]

Brasil actuó con cautela ante las iniciativas argentinas. Aun cuando fue invitado (sin mucha insistencia), no se incluyó en la lista de los países firmantes del plan de unión. Las interpretaciones sobre este particular son varias: el gobierno de Vargas tenía como prioridad la reforma social y económica interna y consideraba que el costo de oportunidad de entrar en una coalición antinorteamericana podría ser alto, dados los problemas

[41] Bailey, *op cit.*, pp. 59-60.
[42] Valero Becerra, Ricardo, *Fundamentos y tendencias de la política exterior brasileña*, tesis de licenciatura en relaciones internacionales, México, El Colegio de México, Centro de Estudios Internacionales, 1970, 2 vols., pp. 68-69.

que había en las relaciones brasileño-argentinas. Por otro lado, la integración comercial no era del interés del Brasil, dada su escasa viabilidad. La capacidad de compra de los países del área era reducida, y además los argentinos contaban con una clara superioridad industrial que excluía, por principio, la competencia del rival vecino. Finalmente, el plan de integración económica que se planteaba Vargas se oponía a los principios integracionistas argentinos. Las apremiantes necesidades brasileñas de tener reservas de energéticos obligó al país a satisfacerlas con la ayuda de un país que contaba con ricos yacimentos petrolíferos: Bolivia, con quien firmó los convenios que mencionamos anteriormente.

El proyecto de la Unión Económica no prosperó. El presidente Perón, una vez que encontró el camino al acercamiento con los Estados Unidos, descuidó el plan, que se despeñó por un precipicio sin que nadie pudiera —o mejor dicho quisiera— impedir su caída. Después del derrocamiento del general Perón en 1955, el gobierno argentino que siguió tuvo que estrechar sus lazos aún más con los Estados Unidos. A mediados de la década de 1960. el presidente Illía buscó, sin mucha decisión aparente, revivir el plan, pero sin que las cosas llegaran a mayores.[43]

Una vez que Kubitschek hizo la proposición de la Operación Panamericana al presidente Eisenhower, en junio de 1958 reunió a los diplomáticos latinoamericanos en Brasilia para hacerlos partícipes del nuevo plan de desarrollo. En su discurso conminó a los países del área a que contribuyeran en conjunto a participar en la lucha por el desarrollo con la ayuda de los Estados Unidos. La actuación pasiva y subordinada que América Latina había tenido hasta ese momento debía quedar en el pasado y transformarse en acciones positivas que hicieran dejar sentir su efecto en las relaciones internacionales, sugería el presidente brasileño. Norteamérica había ofrecido su ayuda desinteresada en la reconstruc-

---

[43] Bailey, *op cit.*, pp. 59-60.

ción de un mundo en ruinas, pero había "descuidado" ofrecer programas de desarrollo para los países latinoamericanos que habían realizado un papel pertinente "en estos trece años posteriores al fin de la lucha contra el totalitarismo", afirmó Kubitschek. El gobierno brasileño pretendió presentar el plan Operación Panamericana como una colaboración de su país al desarrollo latinoamericano, sin intenciones de ejercer cualquier tipo de liderazgo:

(Brasil) nada busca para sí aisladamente, ni habrá en las gestiones específicas de la Operación iniciada cabida para las conversaciones bilaterales. No existe, en esta comunidad de naciones libres, aspiraciones de liderazgo que obtengan resultados fecundos y duraderos.[44]

La Operación Panamericana proponía el multilateralismo como norma de las relaciones interamericanas. La historia pasada había sido muy elocuente: cualquier esfuerzo aislado llevado a cabo por un país latinoamericano estaba condenado al fracaso.

Ahora era necesario llevar a cabo acciones dirigidas por un sentido de unión entre la potencia dominante y los países sobre los cuales ejercía su hegemonía abrumadora. La política multilateral, por su parte, tenía su líder y era necesario un coordinador de esfuerzos, un vocero, y nada más apropiado para este menester que Brasil. A la vista de propios y extraños, esta iniciativa del fundador de la "ciudad de la cruz" fue contemplada como la resurrección de las tendencias seculares de Brasil de querer convertirse en el país dirigente de la comunidad latinoamericana.

[44] Kubitschek de Oliveira, Juscelino, "Discurso de 20 de junio de 1958, sobre a presente situação interamericana", en *Operación Panamericana*, Río de Janeiro, 1958, pp. 2-3, citado por Valero, *op. cit.*, pp. 107-108.

2. EL CONTEXTO REGIONAL: LAS RELACIONES ENTRE ESTADOS UNIDOS Y AMÉRICA LATINA EN LAS DOS ÚLTIMAS DÉCADAS

La victoria del socialismo en Cuba incorporó los principios de la guerra fría a las relaciones entre los Estados Unidos y los países de América Latina, por vez primera desde los inicios del conflicto soviético-norteamericano.

La Revolución cubana tuvo un doble impacto en la política internacional. Primeramente, la incorporación de Cuba en el bloque soviético introdujo en el hemisferio occidental el sistema de balanza de poderes que en el pasado había sido excluido por *1*] la doctrina Monroe, *2*] el desarrollo del sistema interamericano, y *3*] la gran ventaja militar de los Estados Unidos sobre sus débiles vecinos latinoamericanos. Este patrón tradicional fue roto cuando Cuba buscó y recibió asistencia de la Unión Soviética. En segundo lugar, la Revolución cubana demostró que un pequeño país latinoamericano... podía desafiar exitosamente al poder preponderante en el hemisferio.[1]

El proceso cubano es sin duda uno de los puntos cruciales en la historia del continente. Su advenimiento, su supervivencia contra todas las dificultades imaginables, así como su desarrollo subsecuente han producido un considerable efecto en los países latinoamericanos. La influencia de la revolución castrista ha afectado a tal grado los patrones económicos, políticos y psicológicos de América Latina, que un posible fracaso material del experimento cubano, o la desaparición repentina del régimen de Castro, no podrán borrarla completamente.

En las primeras fases del socialismo cubano los gobier-

[1] Gil, Federico G., *Latin American-United States relations*, Nueva York, Harcourt Bravé Jovanovich Inc., 1971, pp. 228-229.

nos latinoamericanos vieron en Cuba un problema ideológico que traería como consecuencia negociaciones internacionales; sólo tardíamente la isla del Caribe se convirtió en una cuestión de seguridad para ellos. Fue la crisis de los misiles, tal vez más que otro factor, la que forzó la creación de una comunidad de intereses entre los gobernantes de América Latina y el de los Estados Unidos, de un marcado tinte reaccionario.[2]

En respuesta a la Revolución cubana, los Estados Unidos iniciaron una serie de sanciones económicas y patrocinaron la invasión de Bahía de Cochinos para destruir el gobierno de Fidel Castro. El fracaso de estas medidas obligó a los gobernantes norteamericanos a implantar una estrategia múltiple que consistió en: aislar a Cuba del hemisferio, desacreditar su revolución a través de una intensa campaña ideológica, lanzar el programa de la Alianza para el Progreso que iba a promover la reforma social y el desarrollo económico dentro del marco de la modernización no comunista, promover la militarización del estado latinoamericano y continentalizar la seguridad. La política norteamericana de contención en América Latina habría de determinar un buen número de sucesos que llega hasta los tiempos actuales, entre los que podemos mencionar, prioritariamente, la implantación en algunos países del subcontinente de regímenes totalitarios que han impuesto modelos de desarrollo económico en el que el capital norteamericano desempeña un importante papel.

Para lograr el aislamiento de Cuba, Washington lanzó una ofensiva en el frente diplomático a través de una serie de reuniones en el seno de la Organización de Estados Americanos (OEA), que tuvo como resultado la expulsión de Cuba del sistema interamericano en 1962. El 22 de enero de ese año, la VIII Reunión de Ministros del Exterior, actuando como órgano de consulta bajo el Tratado de Río, tuvo lugar en Punta del Este, Uru-

[2] Silvert, Kalman H., "A hemispheric perspective", en Plank John (comp.), *Cuba and the United States: long-range-perspectives*, Washington, The Brookings Institution, 1967, p. 118.

guay. En dicha reunión el secretario de Estado, Dean Rusk, pidió sanciones contra Cuba en la forma de un rompimiento colectivo de relaciones diplomáticas y un embargo comercial total. Por el voto de veinte a uno los estados miembros acordaron identificar el régimen de Castro como un gobierno comunista alineado con el bloque soviético y declararon la adhesión de cualquier miembro de la OEA a la ideología marxista-leninista incompatible con los principios y objetivos del sistema interamericano.[3] Con la mayoría de las dos terceras partes, la junta acordó suspender la participación del gobierno de Cuba en el sistema interamericano mientras mantuviera sus ligas comunistas. Argentina, Bolivia, Brasil, Chile, Ecuador y México se abstuvieron, manteniendo que la expulsión de un estado miembro no era legal sin enmendar primero la Carta de la OEA. Finalmente, con la abstención de las seis mayores naciones latinoamericanas, la reunión acordó "suspender inmediatamente el comercio con Cuba en armas e implementos de guerra de cualquier especie". Siguió un bloqueo económico a la isla, así como una resolución de la IX Asamblea Consultiva de la Organización de Estados Americanos de 1964 que pedía a los Estados miembros que todavía mantuvieran relaciones con La Habana, las rompieran definitivamente con el gobierno de Castro.[4]

En el resto de la década de 1960, la situación de aislamiento de la isla del Caribe se mantuvo, así como también se estabilizó el nuevo equilibrio de la guerra fría en nuestro continente. Sin embargo, a principios de los setentas se empezó a dar un giro que culminaría en 1975 con la comprobación del fracaso completo del bloqueo a Cuba.[5] Chile, el vocero principal del "nacionalismo con-

[3] Jerome, Slater, *The OAS and United States foreign policy*, Columbus Ohio State University Press, 1967, pp. 145-147; Connell-Smith, Gordon, *El sistema interamericano*, México, Fondo de Cultura Económica, 1971, pp. 294-299.
[4] Connell-Smith, *op. cit.*, pp. 306-309.
[5] Lozinov, Dimitri, "Evolución del nuevo diálogo", en el núm. 3, 1975, de la revista moscovita *Miezhdunaródnaya*

tinental" y de un "sistema latinoamericano (a partir de 1970 y hasta 1973), cuyo gobierno durante algún tiempo había abogado por el restablecimiento de relaciones con Cuba, desatendió abiertamente la ya mencionada resolución de la ix Asamblea Consultiva de 1964. Como es de todos sabido, México se había rehusado a aceptar dicha resolución, y así lo hizo Jamaica al sumarse a la OEA. Venezuela y Trinidad-Tobago se unieron a Chile en lo concerniente a restablecer las relaciones con Cuba durante la asamblea del CIES (Consejo Interamericano Económico y Social) en Caracas en febrero de 1970. La iniciativa chilena de fines de febrero no tardó en ser imitada por otros países latinoamericanos. El siguiente paso importante en el levantamiento de las sanciones a Cuba se dio en la reunión de Quito, Ecuador. Costa Rica, Colombia y Venezuela presentaron al Consejo Permanente de la OEA, en septiembre de 1974, la propuesta de convocar a una conferencia consultiva de los países miembros de la OEA para examinar el problema de la derogación de las sanciones contra Cuba. El 8 de noviembre de 1974 se convocó la xv Reunión Consultiva sobre esta cuestión. Los resultados obtenidos aparentemente eran pobres: el proyecto de resolución "de los tres", que contemplaba la derogación de las sanciones contra Cuba, obtuvo doce votos; tres países votaron en contra, y seis, entre ellos los Estados Unidos, se abstuvieron. Después de la conferencia, los doce países que votaron por la derogación de sanciones (Argentina, Colombia, Costa Rica, Ecuador, Honduras, México, Panamá, Perú, República Dominicana, El Salvador, Trinidad-Tobago y Venezuela) suscribieron la Declaración de Quito, en la que manifestaron su inconformidad con la decisión de la conferencia y declararon sus designios de determinar por sí mismos su postura respecto a la normalización de las relaciones con Cuba. Finalmente, el 29 de julio de 1975, en San José de Costa Rica, dieciséis

Zhizn (Vida Internacional), reproducido en *Panorama Latinoamericano*, mimeografiado, pp. 12-13.

países aprobaron una resolución propuesta por México, que dejaba en libertad de acción a todos los estados para normalizar sus relaciones con el régimen de Fidel Castro. Con este acto terminó formalmente el bloqueo a Cuba, impuesto por la voluntad de los Estados Unidos.[6]

Desacreditar la imagen de la Revolución cubana en Latinoamérica era otro de los objetivos declarados del Departamento de Estado norteamericano, y para ello se desarrolló una amplia campaña propagandística que tenía dos direcciones: la negativa, consistente en recalcar los aspectos débiles del socialismo, reales e imaginarios, y la positiva, que destacaba las excelencias de la democracia liberal, también las reales y las imaginarias, de la empresa privada y particularmente de la Alianza para el Progreso (ALPRO). Hasta la fecha no ha sido posible hacer un cálculo preciso de la cantidad de dólares gastados en dicha campaña, así como determinar con exactitud los canales que hicieron posible la difusión del estereotipo del "demonio comunista".

La Alianza para el Progreso fue el aspecto económico de la respuesta norteamericana al desafío cubano, un plan de financiamiento a América Latina cuyo objetivo oficial era el de acelerar la tasa de crecimiento de la región a fin de construir una estructura social y política capaz de ser inmune a la revolución socialista. A corto plazo, sin lugar a dudas, el objetivo oficialmente no declarado de la ALPRO era crear un incentivo económico para los gobiernos del área, a fin de que dieran su cooperación decidida a la política de condena y aislamiento al régimen cubano. En consecuencia, el nuevo patrón de las relaciones interamericanas vino a ser formulado sobre la base de la asistencia económica a cambio de la cooperación política. La ALPRO fue la primera operación de alcance continental que mostró que los gobiernos de América Latina estaban aprovechando de manera organizada la experiencia resultante de la Revolución cubana. Con este proyecto, Washington trató de modificar su

---

[6] *Excelsior,* 30 de julio de 1975.

imagen de "descuido" hacia el subcontinente, y en los años que siguieron envió a la región importantes sumas de capital. Éstas, sin embargo, resultaron inferiores en relación a las expectativas nacidas cuando se anunció el programa.

La Alianza para el Progreso emergió de un discurso pronunciado por John F. Kennedy en marzo de 1961 ante el cuerpo diplomático latinoamericano en Washington, en el que invitó a las veinte repúblicas americanas a unirse "en un vasto esfuerzo cooperativo, sin paralelo en magnitud y nobleza de propósito, para satisfacer las necesidades básicas de los pueblos americanos en viviendas, trabajo, tierra, salud y escuelas". En respuesta a la proposición del gobierno de Kennedy, en agosto de 1961 los ministros de economía de las repúblicas americanas (con excepción de Cuba) firmaron la Carta de Punta del Este que formuló el esquema básico de un programa de acción de diez años para el desarrollo económico y social de América Latina.

La ALPRO fue constituida formalmente en Punta del Este, Uruguay, en enero de 1962, donde una reunión de consulta de ministros de relaciones exteriores suscribieron la Carta de Punta del Este. En dicha carta los países latinoamericanos acordaron emprender reformas institucionales y sociales necesarias para una adecuada repartición de la riqueza. Los Estados Unidos, por su parte, prometieron proveer un "mínimo de veinte mil millones de dólares, principalmente en fondos públicos, que Latinoamérica necesitará en los próximos diez años". Cabe aclarar que las dimensiones originales del programa de la ALPRO fueron concebidas a una inversión bruta de cien mil millones de dólares en un período de diez años. Los países de América Latina iban a proveer el 80% de los requerimientos financieros. El restante 20% iba a ser provisto igualmente por inversiones extranjeras y por programas gubernamentales norteamericanos.[7]

El presidente Johnson se reunió con los embajadores

---

[7] Stuart, *op. cit.*, p. 65.

de cada uno de los países latinoamericanos el 26 de noviembre de 1963, un día después del funeral del presidente John F. Kennedy, para asegurarles que los Estados Unidos continuarían su compromiso con la Alianza. En mayo de 1964 revisó los logros de la ALPRO durante los primeros seis meses de su adminisración y firmó acuerdos de préstamo para proyectos en treinta países. Hacia 1966, el presidente Johnson pudo hacer una lista de logros físicos de la Alianza en el quinto aniversario del programa. En este momento empezó a verse con mayor claridad que nunca que la administración Johnson destacaba más las obras de infraestructura tales como edificios y carreteras que la reforma de la estructura institucional.

La Conferencia Cumbre de los Países Americanos en Punta del Este, de abril de 1967 fue organizada por los Estados Unidos. A estas alturas, todos veían el cambio norteamericano hacia la concepción de los objetivos de la ALPRO. El analista James Nelson Goodseel del *Christian Science Monitor*, advirtió por estas fechas que:

> La integración económica ha remplazado a la reforma social como el principal objetivo de la Alianza para el Progreso... Los Estados Unidos favorecen el tema de la integración... Un corolario al tema de la integración económica remplazante del de la reforma social es que la agricultura supere a la industria como el sector clave en el crecimiento económico en la última década. Nuevo concepto de la agricutura: desaliento a la reforma agraria y acento en su lugar, de la producción creciente, diversificación de las exportaciones, más créditos e incentivos, mayor mercadeo y promoción de la maquinaria agrícola y producción de fertilizantes. Todo esto queda dentro del patrón de la integración económica.[8]

Para 1967 también se percibía que la ALPRO no había podido llevar a cabo los objetivos que se había propuesto. Fueron muchas e insuperables las dificultades que

---

[8] *Christian Science Monitor,* 27 de abril de 1967.

tuvo la implementación del programa reformista, a saber: *1]* fracaso de los gobernantes de los países latinoamericanos y de los Estados Unidos por presentar el programa como un esfuerzo cooperativo multilateral; *2]* falta de conciencia popular acerca de la supuesta importancia reformista de la Alianza y fracaso de los gobiernos por instilar una mística reformista para ganar la participación de los pueblos; *3]* las fuerzas oligárquicas se opusieron al programa, particularmente al destacar las reformas fiscales y agrarias, y lo desviaron a la refinación de préstamos y equilibrio de las balanzas de pagos. Sólo un pequeño porcenaje de los fondos fue aplicado a proyectos de reforma concretos; *4]* los fondos de la ALPRO eran insuficientes con mucho para realizar un programa mínimo de crecimiento económico; *5]* el nuevo programa se desorientó al principio en un pantano de organización burocrática. La administración de la Alianza fue confiada a un segmento de la Agencia para el Desarrollo Internacional (AID), que no estaba capacitado para llevar a cabo las tareas encomendadas; y, finalmente *6]* los problemas políticos en los Estados Unidos y la necesidad de convencer al público de los méritos de la nueva política.[9]

Los reexámenes de la ALPRO continuaron en 1968 y 1969. Sin embargo, era claro para los participantes que el desarrollo económico y social de Latinoamérica no se había realizado según los planes diseñados para los constructores del programa. Como resultado de la desilusión por esta tasa de progreso y como consecuencia de la falta de interés de la administración Johnson por Latinoamérica, el Congreso norteamericano hizo notables cortes de los fondos de la Alianza. De una asignación de 508 millones de dólares en 1967, los fondos fueron reducidos a 469 millones en 1968 y a 336.5 millones en el año fiscal 1969. Aunque el presidente Johnson nunca la abandonó oficialmente, la ALPRO fue un asunto de poca importancia en su gobierno.

[9] Gil, *op. cit.*, pp. 244-245.

El candidato a la presidencia de los Estados Unidos del Partido Republicano, Richard Nixon, declaraba en octubre de 1968 su deseo de dar un nuevo enfoque al programa de ayuda norteamericana a sus vecinos del sur:

> Antes de que sea demasiado tarde, y de que la desilusión se apodere de América Latina, a consecuencia de los esquemas grandiosos y poco realistas que emanan de Washington, debemos revisar totalmente la Alianza.[10]

Una vez en la presidencia, Nixon hizo planes para enviar una misión investigadora a América Latina, encabezada por Nelson Rockefeller, para inquirir los deseos y necesidades de la región. El gobernador de Nueva York, con un grupo de expertos, hizo cuatro viajes a Latinoamérica en mayo, junio y julio de 1969 y elaboró un informe que lleva su nombre. A fines de agosto de 1969, Rockefeller lo sometió al presidente Nixon, y en él se presentaba un panorama muy sombrío del continente en los años siguientes en todos los planos y hacía recomendaciones de diversa índole para mejorar la situación.

Aparentemente incitado por algunas de ellas, el Ejecutivo norteamericano proclamó, el 31 de octubre del mismo año, una nueva era de relaciones hemisféricas, quintaesenciada en el programa llamado "Acción para el Progreso". El presidente reafirmó el compromiso de su país con el sistema interamericano, pero evitó cuidadosamente prometer mucho, una tendencia que él pensó fue la responsable en parte de las dificultades a que se enfrentó la ALPRO. En lugar de establecer objetivos cuantitativos de progreso, indicó acciones que los Estados Unidos estaban preparando para tomar en conjunción con sus vecinos a fin de "acelerar el proceso de desarrollo". Su propuesta más pertinente fue que los pro-

---

[10] Citado en Cochrane, James D., "Las posiciones de Humphrey y de Nixon frente a América Latina: una nota", en *Foro Internacional*, revista trimestral publicada por El Colegio de México, IX 2, 34, p. 195.

gramas de ayuda serían cambiados de una base bilateral a una multilateral, a través de la interposición de una agencia multinacional que funcionaría entre la máquina de ayuda norteamericana y los gobiernos latinoamericanos. Ello daría a éstos un papel primario en establecer prioridades, en desarrollar programas realistas y en llevar a cabo su ejecución. Nixon también sugirió nuevos procedimientos para realizar las consultas e invitó al Comité Interamericano para la Alianza para el Progreso (CIAP) a que revisara periódicamente las políticas económicas de Estados Unidos hacia América Latina. Anunció asimismo que su país encabezaría un esfuerzo tendiente a obtener preferencias en el comercio de todos los países en desarrollo en los mercados del mundo industrializado. Entre otros asuntos tocados en su discurso figuran: disposición a cooperar en los campos científico y tecnológico, apoyo a una iniciativa latinoamericana dirigida a aligerar las cargas del servicio de la deuda, asistencia para la integración económica regional y asistencia técnica y financiera para promover la expansión del comercio latinoamericano.[11]

El presidente norteamericano consiguió que el congreso otorgara 224.5 millones de dólares en asistencia económica para América Latina en el año fiscal 1973, lo que significaba que ella iba a tener menos del 10% de los 3 200 millones de dólares en ayuda externa de la originalmente solicitada. Para compensar la reducción, Nixon pidió que el Banco Interamericano de Desarrollo (BID) expandiera su capital de préstamo, lo que se realizó. Esta petición fue hecha para indicar que Nixon estaba determinado a hacer del BID el principal vehículo de ayuda norteamericana a América Latina en el futuro.

Una de las principales características de las relaciones interamericanas en las décadas de 1960 y 1970 es la tendencia sostenida al empeoramiento de la posición lati-

---

[11] Gil, *op. cit.*, pp. 273-274. El texto del discurso del presidente Nixon se encuentra en el *New York Times* del 1 de noviembre de 1969.

noamericana en el tráfico comercial con los Estados Unidos. Un estudio de Aníbal Pinto nos ilustra con datos estadísticos la magnitud del problema: si se analiza la corriente de las exportaciones, se observa la pérdida de la posición relativa que acusan las ventas de América Latina en el mercado norteamericano. La participación de aquélla en las importaciones totales de Estados Unidos se redujo del 24 al 11% de 1960 a 1970. Por otro lado, el país del norte absorbía poco más del 40% de las exportaciones totales de Latinoamérica a inicios del decenio de 1960, y al final del mismo, esta cuota había bajado al 30%.[12] Las razones del fenómeno son bien conocidas: la baja tendencial de los precios de las materias primas y productos manufacturados de consumo no durable provenientes del tercer mundo en el mercado internacional, y los infranqueables obstáculos arancelarios, impositivos institucionales y de todo orden que han reducido la entrada de los productos en el mercado norteamericano.

A fines de la década de 1960 tuvo lugar un hecho destacado en las relaciones entre Estados Unidos y América Latina: la reunión ministerial del Comité Especial para la Coordinación Latinoamericana (CECLA), en Viña del Mar, Chile, en mayo de 1969. En esta ocasión, los píases latinoamericanos expresaron sus quejas por la situación desfavorable en su intercambio comercial con Norteamérica y demandaron, no más "ayuda" —que beneficiaba más a los Estados Unidos que a ellos—, sino mejores términos de comercio. El "Consenso de Viña del Mar", como se le llamó a la declaración colectiva emanada de la reunión y presentada al presidente norteamericano por el ministro chileno del exterior, afirmó la "personalidad distintiva de América Latina", y representó un nuevo esfuerzo para presentar un frente común

[12] Pinto, Aníbal, "Las relaciones entre América Latina y Estados Unidos: algunas implicaciones y perspectivas", en Cotler, J. y D. Fragen (comps.), *Relaciones políticas entre América Latina y Estados Unidos*, Buenos Aires, Amorrortu Editores, 1974, pp. 117-119.

a fin de obtener mejores términos de relación interamericana.

Richard Nixon, cuando se encontraba en la campaña por alcanzar la presidencia, expresó su buena disposición de resolver los problemas comerciales del subcontinente:

Debemos destacar el comercio en lugar de la ayuda. Entre las proposiciones que deben considerarse seriamente se encuentran las siguientes: un nuevo fondo interamericano destinado a facilitar la estabilización de los precios de las exportaciones latinoamericanas; la ayuda financiera especial a los países que deban soportar pesadas cargas de intereses sobre sus deudas; y un sistema de preferencias arancelarias para las exportaciones latinoamericanas.[13]

Una vez instalado en el poder, Nixon anunció un cambio en la política económica norteamericana hacia América Latina, dirigida a aumentar los beneficios de los países del sur mediante el comercio, en particular a través de las exportaciones industriales. Sin embargo, las promesas no se cumplieron, ni en el campo de la ayuda, ni en el campo del comercio. A instancias del Departamento del Tesoro, no se tuvo en cuenta otra cosa que el provecho inmediato de los Estados Unidos. En lugar de extender preferencias unilaterales a Latinoamérica, como lo había anunciado el presidente Nixon y recomendado el informe Rockefeller, el Departamento del Tesoro aplicó en 1971 el recargo temporal del 10% a la importación de todos los productos que ingresaran al mercado norteamericano. La medida afectó grandemente a Latinoamérica, dada la naturaleza de su vinculación económica con los Estados Unidos. El golpe que seguiría contra las exportaciones latinoamericanas tuvo lugar el primero de enero de 1975, cuando se puso en vigor la nueva Ley de Comercio de los Estados Unidos.

Las inversiones norteamericanas han desempeñado un

[13] Cochrane, James D., *op. cit.*, p. 197.

importante papel en los países de América Latina en el período que nos ocupa, debido fundamentalmente a que la política oficial de los Estados Unidos ha sido la de considerar a la empresa privada el actor principal en la promoción del desarrollo latinoamericano. Durante las décadas de 1960 y 1970 el valor de la inversión directa norteamericana, a pesar de los acontecimientos políticos como la Revolución cubana, la inestabilidad monetaria o el clima supuestamente insatisfactorio para la inversión privada ha sido varias veces notablemente superior que las inversiones estadunidenses en el pasado. A pesar de ello, nos dice Wionczek, las magnitudes de las nuevas entradas de capital son menores que las nuevas inversiones realizadas, por lo que cabe pensar que éstas se financiaron principalmente con utilidades de las empresas existentes, fondos de depreciación y el uso creciente del ahorro interno latinoamericano movilizado por los intermediarios financieros extranjeros.[14] En el período tienen lugar cambios significativos en la colocación del capital norteamericano —y del extranjero en general— en relación con la década inmediatamente anterior. La inversión se ha transferido de las actividades llamadas "tradicionales" (minería, transporte, petróleo, industria eléctrica y agricultura tropical), hacia los nuevos sectores "dinámicos": la industria manufacturera, el comercio y los servicios.

Junto con la búsqueda de una nueva política hacia América Latina en el campo económico a principios de los sesenta llegó una revalorización de la seguridad hemisférica. Ella introdujo el problema de la racionalidad del programa de asistencia militar en los países al sur del Bravo. El problema central de la puesta en vigor del nuevo enfoque era el de la seguridad interna de las naciones latinoamericanas.

[14] Wionczek, Miguel S., "El endeudamiento público externo y los cambios sectoriales en la inversión extranjera de América Latina", en Jaguaribe *et al.*, *La dependencia político-económica de América Latina*, México, Siglo XXI, 1971, pp. 111-146.

En los primeros años de los programas militares estadunidenses en América Latina, la retórica había sido en términos de la defensa contra una amenaza militar de carácter convencional, especialmente (aunque no en forma exclusiva), dimanada de ultramar, aun cuando el argumento de un posible ataque armado al hemisferio como *raison d'etre* para equipar y organizar a las fuerzas armadas latinoamericanas nunca persuadió a muchos. Conforme el peligro de un ataque armado del exterior se fue haciendo menos probable, la amenaza de la "subversión comunista" fue adquiriendo una imagen cada vez más fija en las mentes de los gobernantes estadunidenses. A principios de la década de 1960 el proceso de reversión estaba en camino. Veamos esta elocuente declaración de Robert McNamara:

> Hasta 1960 los programas de asistencia militar para América Latina estaban orientados hacia la defensa hemisférica. Cuando se hizo claro que no existía amenaza significativa del exterior contra América Latina, el acento cambió hacia las capacidades de la seguridad interna para usarlas contra la subversión comunista o agresión disfrazada, y a los proyectos de acción cívica dirigidos a promover la estabilidad y reforzar las economías nacionales.[15]

Con ello se inauguró una etapa más en la política de Estados Unidos de reprimir a los radicales sociales y nacionalistas económicos de Latinoamérica. El patrón tenía antecedentes probados. La emergencia de tal postura antes de la guerra fría empezó con la decisión norteamericana de ocupar Cuba y Filipinas en la década de 1890, antes que simplemente conceder reconocimiento y ayuda militar a las fuerzas revolucionarias nacionalistas de estas islas. La supresión de la rebelión filipina de Aguinaldo en 1900-1902, la imposición de la Enmienda

---

[15] Robert S. McNamara, secretario de la Defensa de los Estados Unidos ante el *House Subcommittee on Appropriations. Hearing Foreign Operations. Appropriations for 1964*, 88⁹ Congreso, 1ª sesión, mayo 1963, 2ª parte.

Platt y las invasiones armadas contra Cuba durante las dos primeras décadas de este siglo, la oposición al artículo 27 de la Consitución mexicana de 1917 y la intervención en la revolución social de este país y el aplastamiento de la rebelión de Sandino en Nicaragua marcaron la consolidación del patrón contrarrevolucionario. La asistencia militar fue primero extendida en la década de 1920 a los países ocupados por los Estados Unidos, como la República Dominicana, Haití y Nicaragua.[16]

El gobierno Kennedy continuó suministrando ayuda militar y vendiendo armas a precios reducidos a las fuerzas armadas latinoamericanas a fin de que pudieran combatir con mayor eficiencia a la "subversión comunista interna" y desarrolló un programa especial de "ideologización" de las mismas de acuerdo a los patrones políticos convenientes a los Estados Unidos. Uno de los resultados de lo anterior fue que el armamento era utilizado en la lucha entre los distintos servicios militares y para deponer a gobiernos constitucionalistas, fueran o no de izquierda.

Los objetivos políticos de la ALPRO de promover las libertades sufrieron un revés cuando las asonadas militares derrocaron a las autoridades civiles en Argentina y Perú en 1962. Aparentemente Kennedy intentó desalentar las revueltas militares a través de la suspensión de relaciones diplomáticas y de la ayuda económica a Perú bajo la ALPRO. Esta política pronto resultó inefectiva cuando las naciones latinoamericanas y europeas reconocieron al gobierno peruano, y el programa de ayuda pronto fue restablecido. En 1963, una serie de golpes militares derrocaron a los gobiernos de Guatemala, Ecuador, la República Dominicana y Honduras. La ayuda fue otorgada a las nuevas juntas militares de Guatemala y Ecuador, pero los lazos diplomáticos y programas de ayuda fueron suspendidos a los regímenes de la República Dominicana y Honduras durante el

---

[16] Wolpin, D. Miles, *Military aid and counterrevolution in the third world,* Lexington, Lexington Books, 1972, p. 5.

gobierno Kennedy.[17] En los seis casos las fuerzas armadas (derrocamientos de Frondizi, Prado, Ydígoras, Arosemena, Bosch y Villeda Morales) justificaron su actitud afirmando que cumplían una misión patriótica: salvar a sus respectivas naciones de la "amenaza comunista" y de los gobiernos ineficaces. Las acusaciones obviamente eran absurdas. El gobierno de los Estados Unidos estaba satisfecho (salvo en el caso de Ecuador) del anticomunismo de la política de estos gobiernos, y aceptaba que el problema de combatir el comunismo se podía resolver sin necesidad de golpes de estado.[18]

En diciembre de 1963, cuando Johnson era presidente de los Estados Unidos, el gobierno norteamericano reconoció a los regímenes militares de la República Dominicana y de Honduras. A principios de 1964, Washington reanudó la asistencia económica y militar a los dos gobiernos, y en abril del mismo año dio una entusiasta bienvenida al golpe militar brasileño encabezado por Castelo Branco. La doctrina Johnson hacia América Latina, que fue una continuación explícita de la política exterior estadunidense desde el fin de la segunda guerra mundial, es claramente descrita por Richard Barnet:

Los Estados Unidos se opondrán donde puedan o donde se enfrenten al establecimiento de nuevos gobiernos comunistas o regímenes que se le asemejen, sea cualquiera la vía que se utilice: invasión extranjera, revolución interna o elecciones. Los movimientos insurgentes con programas radicales, retórica marxista, conexiones comunistas de cualquier especie, o una inclinación antinorteamericana, se consideran que son el producto de conspiraciones de las "fuerzas del comunismo internacional". La presencia de un elemento comunista justifica la intervención norteamericana.[19]

[17] Gil, op. cit., p. 249.
[18] Liewen, Edwin, *Generales contra presidentes en América Latina*, Buenos Aires, Ediciones Siglo XX, 1966, pp. 150-151.
[19] Barnet, Richard J., *Intervention and revolution: the United States in the third world*, Nueva York, The World Publishing Company, 1968, p. 10.

El 28 de abril de 1965 el presidente Johnson ordenó el desembarco de los infantes de marina norteamericanos en Santo Domingo, con la finalidad de "restaurar el orden público en ese país". Se trataba de conjurar un movimiento de raíces hondamente populares cuyas fuerzas estaban fuera del control de los norteamericanos y de sus aliados dominicanos. Aunque la verdad relativa a la amenaza de una toma comunista del poder en la República Dominicana nunca pudo ser demostrada, la administración Johnson tuvo sus razones para actuar de la manera como lo hizo. Según el Departamento de Estado norteamericano, la isla del Caribe corría el riesgo de convertirse en "otra Cuba". El presidente de los Estados Unidos declaró en más de una ocasión que su país no permitiría el establecimiento de otro gobierno comunista en el hemisferio occidental.[20] Con propósitos de intervenir en el país e imponer un gobierno acorde con las exigencias de la doctrina de las interdependencias y la seguridad hemisférica, algunos estados latinoamericanos, encabezados por los Estados Unidos, decidieron crear la Fuerza Interamericana de Paz (FIP), en mayo de 1965, con el propósito de "restaurar la paz y la democracia en la República Dominicana".

En el campo de la seguridad hemisférica, la administración del presidente Nixon continuó la tradición anticomunista y militarista de los que le precedieron en el puesto. La postura declarada de los Estados Unidos fue la siguiente:

Preferimos de manera inequívoca los procesos libres y democráticos y deseamos que los gobiernos adopten procedimientos constitucionales. Pero no es nuestra misión tratar de dar respuesta —salvo mediante el ejemplo— a tales cuestiones en beneficio de otras naciones soberanas. Negociamos con los gobiernos como son.[21]

[20] Liewen, Edwin, *U. S. policy in Latin America: a short history,* Nueva York, Frederick A. Praeger Publishers, 1970, p. 109.
[21] Nixon, Richard, *U. S. foreign policy for the 1970's:*

Debido a la guerra en Indochina y a las crecientes tensiones sociales internas, Nixon dedicó escasa atención a Latinoamérica, y aun cuando envió a un representante suyo a varios países del sur para recoger información sobre las demandas de sus gobiernos —en respuesta al Consenso de Viña del Mar—, siguió una política denominada *low profile* ("silueta baja") para la región.[22] Esta nueva "forma de control" permitió seguir manteniendo la dominación de los Estados Unidos sobre los países latinoamericanos, e incluyó presiones económicas indirectas, alimentación ideológica y financiamiento a grupos opositores de derecha, otorgamiento de "luz verde" a las compañías norteamericanas sitas en el exterior para intervenir políticamente, así como también a las agencias de espionaje, y finalmente, la delegación de la intervención directa de las naciones latinoamericanas más poderosas, como Brasil, que atraídas a la órbita estadunidense con programas económicos y militares, actuaron como gendarmes de los intereses políticos, económicos y estratégicos del coloso del Norte.[23]

Nixon encontró un panorama relativamente sombrío de América Latina para su país a fines de la década de 1960 y principios de la de 1970. Podemos mencionar la emergencia de gobiernos populistas interesados en aumentar la autonomía nacional en la esfera de las decisiones económicas y en incrementar la acción del estado para favorecer el capitalismo nacional,[24] la formación

building for peace: a report to the congress by Richard Nixon, 25 de febrero de 1971, Washington, Government Printing Office, 1971, p. 53.

[22] Connell-Smith, Gordon, "Inter-American relations in the 1970's", publicado en *Bolsa Review*, vol. 57, septiembre de 1971, p. 517.

[23] Una interesante explicación de la política de *low profile* se encuentra en Einaudi, Luigi R., "La política de Estados Unidos hacia América Latina en la década de 1960: ¿nuevas formas de control?", en Cotler J. y Fagen D. (comps.), *Relaciones políticas entre América Latina y Estados Unidos*, op. cit., p. 268.

[24] El 2 de octubre de 1968 tuvo lugar un hecho de mayor

del Acuerdo de Integración Subregional Andino en 1969,[25] las tentativas de los "países grandes" por establecer algún grado de hegemonía sobre sus vecinos más débiles y, finalmente, la existencia de dos estados socialistas; uno ya constituido, Cuba, y otro en vías de constitución, Chile.

La promoción del estado militar latinoamericano por parte del gobierno de los Estados Unidos merece un cuidadoso análisis, dadas las consecuencias que ha tenido en la política latinoamericana. Los medios de que se ha valido este país para llevar a cabo sus objetivos son sus políticas militares, que abarcan ayuda militar, asistencia técnica y extensos programas educacionales.[26]

En alianza con los sectores oligárquicos civiles y militares más reaccionarios, los gobiernos norteamericanos patrocinaron un programa sistemático de militarización del poder político con bastante éxito. La emergencia de un nuevo modelo de regímenes militares se derivaba de

importancia que el Consenso de Viña de Mar: el golpe militar en Perú. El gobierno del general Velasco Alvarado proclamó su intención de llevar a cabo una serie de medidas nacionalistas, como la expropiación de la International Petroleum Company. Al año siguiente, el golpe militar en Bolivia encabezado por el general Ovando fue seguido por una apropiación comparable de la Bolivian Gulf Oil. Una semana después ascendió al poder el gobierno nacionalista de la "Guardia Nacional" en Panamá.

[25] El bloque pretendía defender las economías de Bolivia, Colombia, Chile, Ecuador y Perú de la penetración no controlada del capital y la tecnología extranjeros. Aquéllos se proponían adoptar medidas conjuntas para hacer frente tanto al imperialismo norteamericano como a las condiciones ventajosas que disfrutaban las empresas nacionales e internacionales de Argentina, Brasil y México en el seno de la Asociación Latinoamericana de Libre Comercio (ALALC).

[26] José Luis Piñeyro nos ofrece una buena visión de la política castrense norteamericana hacia el subcontinente, en las páginas 22-69 de su trabajo *El profesional ejército mexicano y la asistencia militar de Estados Unidos: 1965-1975*, tesis de licenciatura en relaciones internacionales, México, El Colegio de México, Centro de Estudios Internacionales, 1976.

los cambios producidos en el contexto mundial, regional y nacional a fines de la década de 1950 y comienzos de la de 1960. La difusión de las doctrinas de la guerrilla revolucionaria, y específicamente el advenimiento del régimen de Castro provocaron diversas respuestas de parte de los militares latinoamericanos: temor al comunismo, robustecimiento de la contrainsurgencia y la convicción de que se requerían cambios en la dirección de la modernización no comunista para evitar el surgimiento de tendencias revolucionarias.

En vista de que la estrategia de la guerrilla revolucionaria tocaba además de aspectos militares y políticos, aspectos sociales y económicos, la doctrina de la seguridad de las fuerzas armadas abarcó todas las facetas de la existencia política y social de la población. Así, los militares de América Latina comenzaron a interesarse por la "acción cívica", por el papel que les correspondía en la "construcción nacional" y por la instrumentación de planes globales de desarrollo. Todas estas ideas tenían sus orígenes en Estados Unidos y eran difundidas a través de sus escuelas para oficiales latinoamericanos.[27]

La política norteamericana, dirigida a convencer a los militares de América Latina de la necesidad de una intervención más profunda en todas las esferas de la sociedad, con el objeto de dar una batalla eficaz contra la guerrilla y otras formas de subversión, implícitamente propugnaba la necesidad de una mayor injerencia de las fuerzas armadas en cuestiones políticas y, en este sentido, constituiría uno de los factores que contribuyeron a la formación de los regímenes militares.

Haciendo un juicio desde el punto de vista de las orientaciones políticas predominantes de los numerosos

---

[27] Entre ellas podemos citar las siguientes: Academia Interamericana de Policía; Complejo Militar de la Zona del Canal, Fort Gulick; Colegio Interamericano de Defensa; U. S. Army Command and General Staff College (CGSC); Fort Benning; Fort Bragg; academias militares; Albrook Air Force Base; Air University; Naval War College.

golpes militares "exitosos" que tuvieron lugar de marzo de 1962 hasta el presente, podemos afirmar que los ejércitos latinoamericanos han estado unidos a los grupos sociales dominantes de origen nacional y extranjero y a otros interesados en mantener el estatus quo. Los únicos que eluden este patrón son la Guardia Nacional de Omar Torrijos en Panamá, y los ejércitos bolivianos de Ovando y Torres y el peruano de Velasco Alvarado. En los otros casos de las fuerzas armadas en el poder, éstas eliminaron preventivamente a todo gobierno que se presumía demasiado tolerante hacia los movimientos populares o el comunismo, que quisiera llevar a cabo reformas dentro del marco del sistema capitalista o que de plano se propusiera realizar cambios de transición para implantar el socialismo.

Ciertamente la llegada a la presidencia de los Estados Unidos de James Carter hizo sentir de inmediato la diferencia con la política de *low profile* en las relaciones interamericanas seguida por sus antecesores en el puesto. La nueva administración demócrata empezó con un interés expreso por la región, acentuado en repetidas ocasiones por Carter. Su segundo discurso importante sobre política exterior como presidente fue en la Organización de Estados Americanos, cuya sede en Washington había sido visitada por él en tres ocasiones anteriores. La primera visita de un jefe de estado a la capital norteamericana después que Carter tomó posesión de su puesto fue del presidente mexicano José López Portillo, quien fue seguido al poco tiempo por Carlos Andrés Pérez de Venezuela, en un anuncio de redefinición de la política norteamericana del "aliado preferencial" que había privilegiado antes a Brasil sobre los demás países latinoamericanos. Parece seguro que el fondo de este cambio estaba en las necesidades energéticas norteamericanas que obligaban una relación más estrecha con los países petroleros del continente, fuentes ciertas de reserva ante eventuales carencias de hidrocarburo.

Bajo Carter, el gobierno norteamericano se enfrentó

a dos problemas delicados que habían sido esquivados por las administraciones anteriores: Panamá y Cuba. Desde un primer momento, el presidente de los Estados Unidos se comprometió a revisar las difíciles relaciones con Panamá reconociendo la soberanía de este país sobre la zona del canal, así como a dar un nuevo enfoque a las relaciones con Fidel Castro. Si bien la primera política tuvo éxito sobre la poderosa oposición de los sectores más conservadores del gobierno, la segunda cayó en un fracaso completo debido a la impugnación oficial de que Cuba ayudara a los nuevos gobiernos de Etiopía y Angola. En lugar de la promesa que representaba para la normalización de las relaciones bilaterales el establecimiento de contactos diplomáticos a través de "oficinas de interés", han tenido lugar fricciones entre Washington y La Habana que han recordado momentos difíciles de otras épocas.

La victoria sandinista en Nicaragua fue un acontecimiento que obligó al gobierno norteamericano a tomar medidas de emergencia en respuesta a la posibilidad de una repetición del ejemplo cubano en el corazón del continente, con todas las implicaciones para el área latinoamericana. Washington ha combinado hábilmente políticas de presión con políticas de apoyo a Managua, en una demostración de que las lecciones cubanas han sido bien aprendidas por los Estados Unidos. La dirección sandinista, por su parte, conoce las dimensiones del espanto norteamericano de tener en América Latina un gobierno vinculado con la Unión Soviética y Cuba, y ha hecho de este temor su principal arma de negociación frente a los Estados Unidos.

A partir de la administración Carter, se empezó a poner en entredicho lo que había sido la constante en la política exterior de los Estados Unidos hacia América Latina desde el gobierno de Johnson, esto es, el establecimiento de regímenes militares al sur del río Bravo. Ya en su campaña presidencial, el candidato demócrata lanzaba críticas severas al desempeño de estos gobiernos, destacando su falta absoluta de respeto hacia los derechos humanos de sus súbditos. Nixon y Ford apoyaron generalmente los préstamos de instituciones financieras internacionales a países donde se violaban flagrantemente los derechos humanos, mientras que Carter ha condicionado el otorgamiento de créditos a la observancia de los gobiernos receptores a las garantías individuales esenciales. Además, los Estados Unidos se han convertido en los propagandistas más activos de la Convención Interamericana de Derechos Humanos.

Las críticas a la ilegitimidad de los regímenes militares latinoamericanos, así como a la manera brutal con que ejercen el control social, han mostrado que el gobierno de los Estados Unidos considera actualmente su fracaso por construir un orden político y económico más estable en el largo plazo. Detrás de la fachada adornada con cañones y bayonetas se encuentra el fiasco castrense por resolver las agudas contradicciones internas que consumen a las sociedades de América Latina. Las políticas económicas centradas en la reducción de la demanda agregada, y que constituyen las fórmulas más socorridas de las tecnocracias militares criollas, han demostrado un éxito relativo tan sólo en el mejoramiento del presupuesto público y en la balanza de pagos, frente a la creciente depresión del mercado interno. Si atendemos al aspecto político, observamos que la represión indiscriminada a toda disidencia acaba por reagrupar fuerzas importantes en la clandestinidad que con el tiempo acaban por hacer sentir su presencia y asegurar su hegemonía con los medios más diversos.

Los Estados Unidos propugnan hoy por el establecimiento de nuevas alternativas para América Latina que aseguren la mayor participación general y que promuevan un orden legítimo que asegure la estabilidad. En últimas fechas han tenido lugar movimientos que significan los principios de un cambio importante en el sentido que estamos indicando. Las reiteradas conminaciones públicas y privadas de funcionarios de la diplomacia norteamericana a los gobernantes militares de América

Latina para que disminuyan la brutalidad de la represión contra los disidentes y entreguen el poder a los civiles, han obligado a algunos gobiernos a realizar elecciones generales y a otros a anticiparlas para fechas posteriores a la década de 1970.

3. LA POLÍTICA EXTERIOR INDEPENDIENTE

LA REFORMULACIÓN DE LA POLÍTICA EXTERIOR

El primer año de la década de 1960 fue el último de la administración Kubitschek y el del inicio del efímero gobierno de Jânio Quadros, el ex gobernador paulista, quien hizo su campaña presidencial en torno a los temas de la reforma, el desarrollo, el nacionalismo, el fin de la corrupción, la administración eficiente, y, de modo destacado, la revisión de la política exterior. Aunque de manera muy fragmentaria, Quadros se refirió a lo que iba a ser su política exterior mientras era aspirante a la presidencia: "Debemos establecer relaciones comerciales con todos los países que estén dispuestos a adquirir nuestros productos en condiciones satisfactorias", como rezaba alguno de los puntos de su programa.[1]

Una vez en la silla presidencial, Quadros lanzó su llamada "política exterior independiente", que representaba un cambio de 180 grados en relación a la política exterior tradicional del Brasil, que ligaba íntimamente a la diplomacia brasileña con los postulados de la política internacional de los Estados Unidos. Su sucesor, el vicepresidente João Goulart, continuó este estilo de la diplomacia hasta que fue depuesto por el incruento golpe de 1964.

La nueva política, aunque se fue desarrollando pragmáticamente, al calor de los acontecimientos, tenía sus antecedentes teóricos en el trabajo intelectual del Instituto Superior de Estudios Brasileños (ISEB), creado en 1957 y dirigido por el profesor Hélio Jaguaribe. Esta política exterior independiente fue articulada y desarrollada por los ministros del Exterior San Tiago Dantas

[1] Victor, Mário, *op. cit.*, p. 232.

y Arinos de Melo Franco. El primero hizo una definición precisa del asunto:

> Podemos decir que la posición internacional de nuestro país, del que depende nuestra orientación frente a los problemas concretos que nos inquietan, ha evolucionado en forma constante hacia una actitud de independencia en relación a los bloques político-militares existentes, que no debe ser confundida con otras actitudes comúnmente designadas como neutralismo o tercera posición, y que no nos desvincula de los principios democráticos y cristianos... Esa posición de independencia permite que sigamos, en cada cuestión, una línea de conducta más adecuada con los objetivos que perseguimos...[2]

La declaración nos permite hacer un juicio más concreto acerca de los objetivos de la nueva política exterior. En una primera instancia, advertimos la voluntad de no pertenecer a ningún bloque de tinte neutralista o de "tercera posición" que pudiera enfrentar a Brasil con los Estados Unidos. Más bien se pretendía una "cuarta posición" original y exclusiva del país del cono sur: era necesario ser pragmático y relacionarse económicamente con todos los países del mundo, sin que mediara ningún compromiso político con ellos. Sin embargo, debemos advertir que aun cuando los gobernantes brasileños se esforzaban por hacer que su país apareciera completamente independiente, la política exterior brasileña coincidía esencialmente con los principios de la "no alineación": rechazo al colonialismo, neocolonialismo y racismo; apoyo a los pueblos de Asia y África en sus luchas de liberación, rechazo al sistema de bloques y al compromiso en conflictos de éstos.

En otra parte, San Tiago Dantas hizo una afirmación diferente sobre la independencia de la política exterior brasileña:

---

[2] Dantas, San Tiago, *Política externa independiente*, Río de Janeiro, Editora Civilização Brasileira, 1962, p. 18.

Brasil actuará en el campo diplomático de acuerdo con sus intereses. Esto llevará algunas veces a un alineamiento con el bloque soviético, con los neutralistas o con el bloque occidental, de tal modo que la causa de la paz mundial pueda ser servida de la mejor manera.[3]

Veremos ahora lo que dice Jânio Quadros. En su mensaje al congreso, el señor Quadros declaró que "la posición ideológica del Brasil es occidental y no cambiará". Pero después afirmó que el papel del Brasil como "un miembro nativo del mundo libre" también implica su obligación de asumir "posiciones internacionales independientes más afirmativas sin ignorar sus obligaciones... Esta política se reflejará en la ampliación de los vínculos con todos los países del mundo, incluyendo a los países socialistas, con quienes Brasil desea comerciar."[4] Las divergencias ideológicas quedaban en un segundo plano: las necesidades del desarrollo no reconocían ningún límite, siempre y cuando no existiera el compromiso político.

La política exterior independiente tenía, pues, el propósito de vincular al Brasil con todos los países del mundo, haciendo a un lado sus regímenes políticos, económicos y sociales. Los principios e ideales que guiaron la política nacionalista constaron de cinco puntos fundamentales: primero, los nacionalistas buscaban la preservación de la paz; segundo, las Naciones Unidas eran el instrumento por excelencia para resolver las diferencias que pudieran poner en peligro la paz mundial, y las organizaciones regionales, tales como la Organización de Estados Americanos, cumplían un papel igualmente importante en ámbitos más restringidos; tercero, demandaban el fin de la carrera armamentista y el desarme regional; cuarto, los principios de no intervención y autodeterminación de los pueblos debían ser las normas rectoras de las relaciones entre los países. Finalmente, los

[3] *New York Times*, 11 de septiembre de 1961.
[4] *New York Times*, 16 de marzo de 1961.

nacionalistas apoyaban la lucha de las colonias asiáticas y africanas por la independencia.[5]

Uno de los objetivos no declarado de la política exterior independiente, fue el de ampliar el margen de maniobra del Brasil frente a los Estados Unidos y de hacerlo volver a tener su posición tradicional de "aliado privilegiado". En este punto es necesario recordar que mientras los Estados Unidos descuidaban al subcontinente latinoamericano sin exceptuar al Brasil, Argentina aprovechaba la ocasión para fortalecerse y así desempeñar un papel predominante en el equilibrio de poder sudamericano. En efecto, después de la segunda guerra mundial, el presidente Juan Domingo Perón utilizaba los superávit acumulados durante el conflicto en comprar equipo militar a los países europeos. Estas compras, que incluyeron tanques y jets, sobrepasaban en mucho al material recibido bajo el Programa de Préstamos y Arriendos; en realidad, las adquisiciones modificaron la balanza militar en el cono sur en contra del Brasil. La conclusión necesaria de los nacionalistas era que la política tradicional del Brasil hacia los Estados Unidos había sido un fracaso.[6]

Quadros ascendió al poder en un momento particularmente difícil para el sistema interamericano, a consecuencia de la Revolución cubana, y su ascenso fue interpretado por los nacionalistas como una excelente oportunidad de modificar las deterioradas relaciones entre Brasil y los Estados Unidos. La táctica a seguir era explotar los temores suscitados ante el hecho de que Norteamérica pudiera perder más aliados en el continente, entre ellos al Brasil. Cabot Lodge, embajador norteamericano en Brasilia, llegó a afirmar que la "pérdida de Brasil a manos del comunismo probablemente significara la pérdida de todos los países latinoamericanos a manos del comunismo".[7]

[5] Burns, Bradford E., "Tradition and variation in Brazilian foreign policy", *op. cit.*, p. 184.
[6] *Ibid.*, p. 171.
[7] *New York Times*, 10 de junio de 1969.

Sintiéndose aprisionado por las exigencias del Fondo Monetario Internacional, que dictaba medidas impopulares dirigidas a minar la confianza del pueblo en el gobierno brasileño —devaluación monetaria, control de precios y salarios, racionalización del gasto público, congelación de créditos—, y habiéndose convencido por la Revolución cubana de que Washington pone su mirada en el sur sólo cuando está ante una emergencia internacional, Quadros lanzó todas sus posibilidades para crear alarma sobre los derroteros de su gobierno y fortalecer así su poder de negociación en el escenario interamericano. La política exterior independiente perseguía garantizar la ayuda norteamericana para el desarrollo capitalista del Brasil con un mínimo de perjuicio para el capital nacional. Atrás de todo estaba, como lo apuntamos, la intención del Brasil de recobrar su estatus de aliado privilegiado a costa del miedo de Washington de perder terreno en la guerra fría.[8]

La política exterior independiente de Quadros y Goulart se inscribe dentro de la corriente del nacionalismo populista, que es la primera reacción del estado latinoamericano frente al imperialismo estadunidense. Esta respuesta ha sido la gran aglutinadora de grupos, clases sociales y partidos políticos identificados con el desarrollo autónomo, así como la fuente de todo tipo de experiencias a partir de las cuales fueron y continúan siendo ensayadas, políticas externas independientes. Sin embargo, una mirada a los gobiernos populistas nos hace llegar a la conclusión de que ellos se oponen al imperialismo más como una técnica para reformular las condiciones de su dependencia que como técnica para destruirlo.

La política exterior independiente se encontraba dentro de un bloque del que el populismo era la otra parte. Esta circunstancia no es privativa del Brasil: si contemplamos a todos los regímenes populistas de América

[8] Martins, Carlos Estevan, *Brasil-Estados Unidos: dos 60 aos 70*, São Paulo, CEBRAP, *Cuadernos CEBRAP*, 9, 1972, pp. 14-15.

Latina desde la experiencia del general Cárdenas, observaremos que el populismo y el nacionalismo eran dos caras de una misma moneda. En la coyuntura del Brasil a principios de la década de 1960 existía un claro divorcio de la burguesía nacional con otros sectores de las clases dominantes y la necesidad de encontrar un modelo de desarrollo capaz de asegurarle un papel hegemónico en el futuro. Sin estos hechos, difícilmente se habría presenciado una vinculación tan estrecha entre el nacionalismo y el populismo.[9]

LAS DIFICULTADES DEL GOBIERNO POPULISTA

Para comprender la política exterior independiente es preciso hacer una revisión, aunque sea somera, de las circunstancias de orden económico que tenían lugar en Brasil a principios de la década de 1960. Esta política, junto con las reformas estructurales ("reformas de base"), representaron las soluciones, fallidas al fin, para sacar al Brasil del marasmo en el que se encontraba.

Cuando el presidente Quadros ascendió al poder en 1961, el panorama económico brasileño no podía ser más sombrío: las exportaciones tradicionales del Brasil (léase café) atravesaban su crisis más grave en los últimos años;[10] la exportación de beneficios del capital extranjero drenaba las relativamente escasas divisas del

[9] *Ibid.*, pp. 10-11.
[10] Decía Quadros en su "Mensaje al pueblo brasileño": "Al 31 de enero de 1950, el precio medio del producto en centavos de dólar, por libra de peso, era de 47 centavos. A la fecha ese precio ha bajado a 31 centavos. La diferencia impone a la economía nacional una alarmante pérdida de monedas fuertes. Se estima en 40 millones de sacos la existencia del producto que mantiene el gobierno y que se encuentra en manos del Instituto Brasileño del Café..." "Brasil enfrenta graves problemas económico-sociales (Mensaje al pueblo brasileño del presidente Jânio Quadros)", en *Comercio Exterior*, México, Banco Nacional de Comercio Exterior, marzo de 1961, p. 156, citado en Valero, *op. cit.*, pp. 152-153.

país;[11] la tasa de inflación era la más alta de Latinoamérica; el déficit presupuestal alcanzaba la cifra récord de 300 millones de dólares; el empleo de mano de obra se volvía cada vez más difícil merced a la introducción masiva de la tecnología sofisticada proveniente de los países desarrollados,[12] entre otros.

Mención aparte merece el hecho de que el proceso de industrialización no sólo se detenía temporalmente, sino que se enfrentaba a un debilitamiento estructural. La fase de la sustitución de importaciones de bienes de consumo final estaba a un paso de concluirse. Quedaba por desarrollarse una industria pesada, productora de bienes intermedios, de consumo durable y de capital. Sin embargo, la estrechez del mercado interno y las dificultades del sector externo hacían poco menos que imposible superar este punto de estrangulamiento.[13] Tal era el his-

[11] El crecimiento en la década de 1950, especialmente a partir del segundo lustro, estaba financiado por un influjo sustancial de capital extranjero, tanto en la forma de inversiones directas como en préstamos. A principios de la década de 1960, la deuda exterior del Brasil ascendía ya a un poco más de 2 mil millones de dólares. Una gran proporción de ella era a corto plazo, y tanto los pagos de interés y amortización, combinados con las remesas de lucros de las firmas extranjeras, produjeron dificultades crecientes en la balanza de pagos. Werner y Kerstenestzky, "The Brazilian economy", en Riordan, Roett (comp.), *Brazil in the sixties*, Nashville, Vanderbilt University Press, 1972, p. 113.

[12] Entre 1950 y 1960, frente a una tasa de crecimiento demográfico del 3.1% al año, y mientras la población urbana crecía a casi un 6% anual y la producción manufacturera a más del 9%, el empleo de la actividad industrial no presenta un incremento anual mayor del 3%. Datos proporcionados por Brasil, Ministerio de Planeamiento y Coordinación Económica, *Programa de Ação Econômica de Governo, 1964-1966*, documento EPEA, núm. 1, noviembre de 1964, cap. IV, citado en Marini, *op. cit.*, p. 64.

[13] Dice Maria C. Tavares: "La crisis por la cual pasó la economía brasileña a mediados de la década de 1960 se relacionó estrechamente, a nivel estructural, con el agotamiento del dinamismo de la industrialización apoyada en la sustitución de importaciones. Habiendo concluido la realización de

torial clínico que aparecía después de la "orgía desarrollista" del presidente Kubitschek. Este mandatario, que puso las bases del desarrollo asociado al gran capital extranjero, encontró como solución temporal a la crisis económica derivada de la baja tendencial de los precios de los productos de exportación y de la estrechez del mercado interno la apertura de los capitales norteamericanos a la economía brasileña. La Instrucción 113, de la Superintendencia de la Moneda y del Crédito (actual Banco Central) fue el conductor jurídico de la invasión monopolista. El Plan de Metas del gobierno Kubitschek, por otro lado, atrajo cerca de 2.5 millones de dólares en inversiones y financiamiento. La expansión industrial continuó de este modo, pero más dependiente del exterior.

Los gobiernos de Quadros y Goulart hicieron esfuerzos tendientes a corregir los problemas que ya mencionamos. El primero combatió la inflación a través de

un "paquete" de inversiones complementarias —fundamentalmente en bienes de consumo duradero y de producción— que había utilizado las reservas del mercado preexistentes, dando lugar a una expansión del ingreso y a una diversificación del consumo, la economía carecía de un conjunto de proyectos para nuevas inversiones... La inexistencia de una masa adecuada de nuevas inversiones, capaces de asegurar el mantenimiento de una tasa alta de expansión económica no se relacionaba de manera estricta con limitaciones de la capacidad productiva (ya suficiente en algunas ramas del sector productor de medios de producción como metalmecánica, equipos eléctricos, máquinas-herramientas, materiales de construcción), sino más bien con problemas relacionados con la estructura de la demanda y financiamiento. En cuanto a la demanda, el problema consistía en la distribución extremadamente concentrada del ingreso en una pequeña cúpula, lo cual limitaba la diversificación y expansión adecuada del consumo de los grupos medios, justamente el tipo de consumo que permitiría el mejor aprovechamiento y ampliación de la capacidad industrial instalada, con importantes efectos de arrastre sobre la economía." Tavares, Maria C., "Más allá del estancamiento: una discusión sobre el desarrollo reciente del Brasil", en Petras James, (comp.), *América Latina: economía y política,* Buenos Aires, Ediciones Periferia, 1972, pp. 354-355.

medidas tales como la simplificación del sistema de tasas de cambio múltiples y la reducción de subsidios a las importaciones esenciales. Aunque esto elevó el precio de artículos de amplio consumo, tales como el pan y las tarifas de los autobuses, ayudó al gobierno a reducir su déficit presupuestal. Además, el gobierno Quadros impuso restricciones al crédito y una congelación de salarios, y emprendió un severo programa de planeación de las operaciones gubernamentales. A mediados de 1961 ya se había desarrollado alguna evidencia de que el crecimiento de la inflación estaba siendo detenido y de que los acreedores extranjeros del Brasil estaban viendo con buenos ojos el curso de los acontecimientos. Por otro lado, el anuncio de que la Alianza para el Progreso iba a favorecer a los gobiernos reformistas, como el del presidente Quadros, pesó momentáneamente a favor de los esfuerzos gubernamentales. Sin embargo la intempestiva renuncia de Quadros echó por tierra todo optimismo prematuro.

El presidente Goulart no fue más afortunado. Los turbulentos días que mediaron entre la renuncia de Quadros (agosto de 1961), y el derrocamiento del gobierno populista en abril de 1964, estuvieron desprovistos de cualquier línea consistente de política económica. Y esto se debió en mucho a la ausencia de un liderazgo fuerte por parte del Ejecutivo brasileño. Desde un principio, la finalidad de los enemigos de Goulart (entre los que se encontraba un sector importante de la oficialidad) fue minarle su poder. Se le permitió ascender a la presidencia sólo después de que se acordó que compartiría el poder con el congreso. Ello afectó su legitimidad, y aun cuando Goulart ganó el plebiscito de 1963, que restableció el poder del Ejecutivo, careció de poder suficiente para sortear los vendavales de la oposición. Hubo algunos intentos débiles de implementar una política estabilizadora, pero Goulart no pudo resistir las presiones de los líderes laborales por aumentos de salarios, la demanda de la comunidad empresarial para que se aflojaran las restricciones al crédito y las presiones diversas para que se siguieran otorgando subsidios a las importaciones de trigo y petróleo.

Durante la presidencia de Goulart, los grupos que demandaban reformas institucionales y políticas nacionalistas tenían una influencia de consideración en el proceso de toma de decisiones. La agitación en pro de las reformas agraria y fiscal creció, así como por cambios en la estructura educacional del país y por mayor control sobre las actividades de los monopolios extranjeros. El Ejecutivo simpatizaba con estas demandas, pero no pudo o no supo poner en marcha un programa coherente que materializara sus deseos. Algunas medidas se tomaron en el período, tales como la Ley de Remesa de Lucros, que ponía un límite a los envíos de beneficios de las compañías norteamericanas radicadas en Brasil a sus casas matrices en un 10% (1962), y se formuló el Plan Trienal en 1963, que pretendía controlar drásticamente la inflación y corregir los principales desequilibrios de la economía. Este plan iba a ser abandonado pronto, cuando se hizo claro que el gobierno no tenía los medios para imponer ninguna de las medidas. La falta de control político, la agitación continua en favor de las reformas y contra el capital norteamericano trajeron como consecuencia problemas económicos de difícil solución.[14]

El capital extranjero reaccionó negativamente ante los nuevos acontecimientos. Werner Baer estima que el flujo de capital privado norteamericano hacia el país disminuyó de 108 millones de dólares en 1961, a 71 millones en 1962, y a 31 millones en 1963. En 1962 la alta tasa de crecimiento del PNB percápita, que había prevalecido en Brasil a principios de la década de 1950, empezó a declinar abruptamente, y en 1963 se produjo su reducción en términos reales. En este último año la deuda externa alcanzó proporciones tan gigantescas que el ministro de Finanzas informó al gabinete que la amortización y los pagos ya presupuestados para los años 1963-1965 ascendería a casi dos mil millones de cruzeiros, o

[14] Baer y Kerstenstzky, *op. cit.*, pp. 114-115.

sea, cerca del 43% del ingreso de las exportaciones obtenidas en ese período.[15]

La compleja situación económica se reflejó negativamente en lo que toca a la capacidad política del gobierno y la movilidad social y se multiplicaron las exigencias con respecto a la distribución de bienes, servicios y salarios. En respuesta a dichas demandas, con el objeto de ganarse apoyo, el presidente aumentó los gastos del gobierno. El porcentaje del PIB asignado a gastos corrientes del gasto federal (gastos burocráticos operativos, subsidios y transferencias) subió del 10.9% en 1959, al 14.4% en 1963. A la vez, las recaudaciones impositivas del gobierno, que habían subido del 17% al 23% del PIB entre 1955 y 1959, disminuyeron al 20% en 1963. Como resultado, aumentó rápidamente el déficit presupuestal del gobierno, lo que agravó la inflación. Ésta, fenómeno crónico en la historia brasileña, se agudizó con posterioridad a 1961, registrándose un incremento en los precios de más del 50% en 1962, del 75% en 1963 y una tasa anual de aumento de más del 140% durante los tres meses anteriores al derrocamiento del presidente Goulart.[16]

En el segundo semestre de 1963, el gobierno de Goulart esbozó una salida de la crisis. En lo fundamental, las llamadas "reformas de base" tendían a ampliar el mercado interno, mediante la conservación del salario real y mediante una reforma agraria a largo plazo; a ampliar el mercado externo para abrir nuevas áreas para los productos brasileños. Pero la crisis se profundizó tan rápidamente, que no dio el tiempo necesario para el ordenamiento y funcionamiento de los resultados. Sin una base política suficientemente fuerte, que estuviera en condiciones de enfrentar la presión combinada del latifundio y del capital norteamericano, el gobierno llegaría a su fin con el golpe de estado de 1964.

Así pues, como señalamos al principio, la política exte-

[15] Skidmore, *op. cit.*, p. 257.
[16] Stepan, *op. cit.*, pp. 166-168.

rior independiente fue la otra dirección que siguió el gobierno populista. Ella buscó ampliar el margen de manobra internacional del Brasil, obtener nuevos mercados para la exportación brasileña, así como fuentes de financiamiento en el área socialista. África y Latinoamérica serían los mercados por excelencia de la incipiente producción manufacturera. Es interesante hacer notar que Brasil consideraba al mercado internacional sólo como una alternativa provisional a las deficiencias del mercado interno. Éstas, se decía, serían combatidas por medio de las "reformas estructurales".[17]

El mayor éxito relativo dentro de la política exterior independiente fue en el rubro de las relaciones comerciales, en especial con los países socialistas. La idea prevaleciente era la diversificación geográfica de las exportaciones, sobre todo de los productos manufacturados. A principios de la década ya era claro para muchos que la baja tendencial de los precios de las materias primas en el mercado internacional era un proceso que no podía ser invertido y que no ofrecía esperanzas para mejorar la precaria situación de los sectores externos de los países subdesarrollados. La alternativa, pues, no podía ser otra: los productos manufacturados debían estar a la vanguardia de las exportaciones brasileñas. Y era la diplomacia el instrumento llamado a hacer realidad los objetivos del gobierno en esta materia. Las iniciativas de los dirigentes populistas en el campo de la política exterior no alcanzaron su punto de maduración, pero eso sí, pusieron las bases del expansionismo brasileño en las dos regiones de

[17] Marini nos explica: "La política exterior de Quadros y Goulart buscaba también garantizar una reserva externa de mercado para una expansión comercial brasileña en África y Latinoamérica. La diferencia está en que entonces Brasil adoptaba una posición de *free lancer* en el mercado mundial, confiando en que a través de las reformas estructurales internas no tardarían en desaparecer las limitaciones que frenaban el crecimiento del mercado interno brasileño. La exportación aparecía, pues, como una solución provisional, tendiente a proporcionar a la política reformista burguesa el plazo necesario para que fructificara." Marini, *op. cit.*, p. 76.

su "área de influencia natural": África y Latinoamérica, que los militares se encargarían de aprovechar en mayor medida que Quadros y Goulart.

RELACIONES BRASIL-ESTADOS UNIDOS

El presidente Quadros desde el primer momento en que estuvo en el poder refrendó el sentimiento amistoso de su país hacia los Estados Unidos. Así, el 8 de febrero de 1961 el líder brasileño envió un mensaje al presidente Kennedy en el que declaraba su voluntad de luchar por mantener vivos los lazos tradicionales que han existido entre Brasil y los Estados Unidos:

> Como heredero de la tradición cristiana... es mi deber pelear por la supervivencia de los elevados ideales que compartimos. Es igualmente mi intención fortalecer el espíritu de cooperación que siempre ha marcado los vínculos de amistad entre nuestros países, sobre una base de entendimiento y respeto mutuo.[18]

Durante el breve desempeño del presidente Quadros las relaciones entre los Estados Unidos y Brasil se desarrollaron dentro de una gran desconfianza mutua, pero sin embargo continuaron. Los motivos de conflicto, que suscitaron una oposición velada de los Estados Unidos, se debían a las iniciativas de política exterior independiente. La sistematización del diálogo diplomático con los países de la periferia, las relaciones con la Unión Soviética, el envío de una misión a China Popular, la posición de no compromiso frente a la Revolución cubana, la política de acercamiento a Argentina y los gestos altivos de Quadros frente a los representantes de los Estados Unidos, provocaron inquietud en el gobierno norteamericano.

El presidente Kennedy no suspendió los programas de ayuda al gobierno Quadros, a pesar de los malos presagios. En cuanto ascendió al poder el gobierno janista, en

[18] *New York Times,* 9 de febrero de 1961.

febrero de 1961, el mandatario norteamericano extendió un crédito por cien millones de dólares, a fin de que Brasil pudiera superar sus problemas de balanza de pagos más urgentes. Por otro lado, envió al senador George McGovern a que ofreciera a Brasilia un plan de ayuda alimentaria dirigido al empobrecido noreste brasileño,[19] sin paralelo en la historia del Brasil.

El presidente Kennedy pretendía con ello poner un muro de contención a una eventual radicalización del proceso dirigido por Quadros. Estaba muy fresca en la memoria de los dirigentes norteamericanos que la experiencia castrista se desarrolló en parte gracias a las presiones del gobierno de Eisenhower, que condujeron a la naciente revolución por caminos no deseados por los Estados Unidos. La explicación de la actitud "positiva" del presidente Kennedy la ofrece él mismo:

El futuro del Brasil es vital para el futuro del hemisferio occidental. Al identificarnos con las aspiraciones eeonómicas y sociales del pueblo brasileño estamos identificados con las esperanzas de la mitad del continente.[20]

La comunicación entre los mandatarios brasileño y norteamericano se mantuvo hasta el final. Kennedy invitó a Quadros a que visitara la capital estadunidense en diciembre de 1961, a lo que éste respondió en forma afirmativa. Sin embargo, la renuncia de Quadros impidió la realización del viaje proyectado.

Las relaciones entre el gobierno de Goulart y el de los Estados Unidos se caracterizaron por los sucesivos y cada vez más grandes problemas que condujeron a su ruptura total. En cuanto ascendió al poder, Goulart hizo declaración de fe al "independentismo" en materia de política exterior. Aun cuando los Estados Unidos estuvieron en desacuerdo, como era de esperarse, no se precipitaron y mantuvieron la comunicación con el gobierno janguista. Así, se pudo llegar a un arreglo "justo" entre Goulart

[19] *New York Times*, 19 de febrero de 1961.
[20] *New York Times*, 20 de mayo de 1961.

y los norteamericanos a propósito de la expropiación de Leonel Brizola de la subsidiaria de la ITT en Río Grande y de la del Foreign Power Company; el presidente brasileño pudo entrevistarse con Kennedy en Washington en abril de 1962 y completar las negociaciones del Acuerdo del Noreste por 131 millones de dólares.[21]

La preocupación de los Estados Unidos se hizo muy seria con la aprobación de la Ley de Remesa de Lucros por el congreso en septiembre de 1962, a pesar de las dilaciones hechas por Goulart. Dicha ley prohibía la remisión en exceso del 10% de las ganancias de las empresas estadunidenses radicadas en Brasil. A consecuencia de este hecho, la inversión extranjera declinó ese año a sólo 18 millones de dólares en comparación con el promedio de 120 millones en los seis años precedentes,[22] y el presidente Kennedy canceló por tercera vez su viaje al Brasil. Debido fundamentalmente a la política populista de Goulart y a las maniobras "desestabilizadoras" de los empresarios brasileños se desató a partir de 1963 una inflación sin precedentes que quedó fuera de control, mientras que la deuda externa rebasaba los límites de tolerancia de los acreedores.

Los Estados Unidos, sin embargo, se preocupaban más por la inestabilidad política que por la económica del Brasil. La embajada norteamericana en Brasilia estaba particularmente irritada con el ultranacionalista Brizola, el cuñado del presidente. Mientras el canciller Dantas negociaba un acuerdo de préstamo con la administración Kennedy en 1963 para poder llevar a cabo el Plan Trienal de Celso Furtado, Lincoln Gordon, embajador norteamericano en Brasil, escandalizaba al Comité de Relaciones Exteriores de la Cámara con sus declaraciones sobre la infiltración comunista en el movimiento obrero, en las organizaciones estudiantiles y en el gobierno mismo del Brasil. Por otro lado, estaba la "amenaza de rebelión" en la zona del noreste, el trampolín para la

[21] Bell, Peter D., "Brazilian-American relations", en *Brazil in the sixties, op. cit.,* pp. 83-84.
[22] *Ibid.,* p. 85.

victoria aliada en África del Norte en la segunda guerra mundial. Ya en octubre y noviembre de 1960, Tad Szulc advertía en el *New York Times* el peligro que representaban para el estatus quo la pobreza desesperada del área y las Ligas Campesinas de Francisco Julião.[23] La respuesta norteamericana a la situación fue establecer la política llamada de las "islas de sanidad", esto es, la negativa a ofrecer todo tipo de ayuda al gobierno federal y hacerlo en su lugar a los gobiernos estatales que "garantizaran la democracia", tales como los de los líderes antiGoulart Aluizio Alves de Rio Grande del Norte y Carlos Lacerda en Guanabara.[24] No fueron logrados nuevos acuerdos entre Estados Unidos y el gobierno federal excepto los PL 480 de excedentes de trigo y proyectos nominales con SUDENE (Superintendencia para el Desarrollo del Noreste) bajo el Acuerdo del Noreste. El Banco Mundial y el Fondo Monetario Internacional cesaron de hacer préstamos al Brasil.

Una constante de este período fue el afán de Goulart, infructuoso al fin, de conciliarse con los Estados Unidos, o al menos de no entrar en abierta contradicción con ellos, a través de una serie de iniciativas que pretendían aumentar la cooperación mutua entre sus respectivos gobiernos. Manteniendo las posiciones establecidas por Quadros, Goulart no osó inaugurar nuevas etapas de la política exterior independiente; en una declaración a la prensa, Goulart expresó sus esperanzas sobre la Alianza para el Progreso y dijo que su gobierno "no pensaba poner barreras al capital extranjero", pues pensaba que éste "ayuda y ayudará mucho a nuestro país"; se iniciaron pasos para la firma de un acuerdo sobre garantía de inversiones entre el gobierno y las empresas brasileñas, que sería "una especie de seguro contra nacionalizaciones, desvalorización de la moneda brasileña y dificultades existentes en otros sectores"; finalmente, en el comuni-

[23] Véase por ejemplo el artículo de Szulc titulado "Northeast Brazil poverty breeds threat of a revolt", en el *New York Times* del 31 de octubre de 1962.
[24] Bell, *op. cit.*, pp. 88-89.

cado conjunto firmado por los presidentes Kennedy y Goulart fue reafirmada la disposición de los dos gobiernos de trabajar en conjunto "para proteger este hemisferio contra todas las formas de opresión".[25]

El primero de abril de 1964 llegó el golpe militar que derrocó al gobierno de Goulart. No se sabe a ciencia cierta si dicho golpe fue "planeado, pagado y ordenado en Washington", como afirmaron los periódicos izquierdistas del Brasil a la mañana siguiente, pero sí es absolutamente seguro que los Estados Unidos fueron cómplices, explícita y tácitamente. En primer lugar, la política de ayuda discriminada sirvió para minar la legitimidad del gobierno de Goulart. En segundo lugar, en los meses precedentes al golpe, la información proporcionada por los Estados Unidos se convirtió en un valioso instrumento para los conspiradores. En tercer lugar, el hecho de que los Estados Unidos pudieran ayudar a los rebeldes en materia de abastecimiento en caso de resistencia les infundió valor adicional. En cuarto lugar, los conspiradores sintieron el apoyo moral de la embajada y entendieron que si el golpe era exitoso el nuevo régimen sería recompensado con una generosa ayuda diplomática y financiera. La confianza de los rebeldes en la embajada fue demostrada por su disposición de mantener a los norteamericanos informados de los eventos antes y durante el golpe. Funcionarios de los Estados Unidos, tales como el cónsul general en São Paulo, estuvieron presentes en los puestos de comando de la llamada "revolución de 1964".[26]

En cuanto el presidente Johnson se enteró de la buena fortuna del pronunciamiento militar, envió un mensaje al entrante presidente Mazilli en el que hacía patentes sus "más calurosos buenos deseos" y su admiración por "la voluntad resoluta de la comunidad brasileña de solucionar sus dificultades en el marco de la democracia

---

[25] Martins, *op. cit.*, pp. 19-20.
[26] Bell, *op. cit.*, pp. 90-91.

constitucional y sin lucha civil".²⁷ La premura en reconocer al nuevo gobierno (Goulart aún no alcanzaba territorio uruguayo, su lugar de exilio) fue una prueba más de la participación norteamericana en el derrocamiento del gobierno constitucional.

RELACIONES BRASIL-PAÍSES LATINOAMERICANOS

La política exterior independiente consideró a las relaciones con los estados hispanoamericanos una de sus preocupaciones básicas:

> En las relaciones con los demás estados americanos, el gobierno se mantendrá fiel a la tradición de la política brasileña contraria a los bloques, las discriminaciones y las preferencias, y adoptará una política abierta simultáneamente al entendimiento y a la cooperación con todos los países de este hemisferio, sobre una base de absoluta igualdad. Merecerá su particular atención nuestras relaciones con la República Argentina, con quien nos anima un sentimiento de colaboración, de apoyo y de afecto, capaz de conducirnos, en el interés de todas las demás naciones de este hemisferio, a una constante integración de orden económico y cultural. Igual sentimiento y preocupación nos unen a México, Uruguay, Chile, Perú, Colombia, Ecuador, Venezuela, Bolivia, Paraguay, y a los países de América Central y de las Antillas.²⁸

La dinámica del proceso de redefinición de la dependencia condujo necesariamente a buscar sólidas bases de apoyo en los países vecinos, principalmente en Argentina. Es importante mencionar que la viabilidad del proyecto independentista dependía en buena parte de la construcción de un nuevo equilibrio regional de fuerzas,

---

[27] Citado en Tad Szulc, "Washington sends 'warmest wishes' to Brazil's leader", *New York Times*, 3 de abril de 1964.
[28] Declaración de San Tiago Dantas en *Política externa independiente, op. cit.*, p. 21.

que girara en torno al eje Brasilia-Buenos Aires, a fin de contrarrestar con éxito la abrumadora influencia de los Estados Unidos en la toma de decisiones de los estados nacionales latinoamericanos. En una primera instancia, la política exterior pensó en hacer cambios en el cono sur; posteriormente, Goulart miró más al norte, hasta México.

El medio para hacer posible la aglutinación de intereses comunes en el plano latinoamericano era la Asociación Latinoamericana de Libre Comercio (ALALC), creada en Montevideo en 1960:

> Si queremos preservar a la democracia de los riesgos políticos que la amenazan, nuestra atención tendrá que concentrarse en medidas de promoción del desarrollo y de emancipación económica y social, únicas capaces de fortalecer la estructura política de esos países. El gobierno deposita su confianza en el establecimiento de una zona de libre comercio en América Latina, en los términos del Tratado de Montevideo y sobre la orientación de la Asociación Latinoamericana de Libre Comercio. La integración económica de los países de este hemisferio es indispensable para crear, en beneficio de sus industrias, una estructura de mercado más sólida.[29]

La creación de una zona de libre comercio, que sería controlada por Brasil, Argentina y México, los países de mayor adelanto relativo, constituiría una reserva de mercado, que a su vez sería una alternativa a la previsible coerción económica por parte de los Estados Unidos contra los vecinos rebeldes del sur. Desde nuestro punto de vista, tal idea carecía completamente de realismo, ya que la zona latinoamericana no podía ser una posibilidad sustitutiva del poderoso mercado norteamericano.

En fin, se empezaría por construir la alianza con Argentina. Para ello, era necesario modificar radicalmente las tendencias existentes en las relaciones entre los dos países: *1]* el recelo al predominio de una parte sobre la

[29] *Ibid.*, p. 22.

otra; 2] el interés de ambos países por granjearse el apoyo norteamericano a su favor, y 3] el interés de los Estados Unidos por entrar en dicho juego, pero canalizándolo debidamente en favor de su estrategia en el sur del continente. Con la modificación de estos factores se esperaba el inicio de una nueva etapa en el desarrollo político y económico de los países latinoamericanos, encabezada por los dos gigantes de América del sur.

Los presidentes argentino y brasileño se reunieron en la ciudad fronteriza de Uruguaiana, perteneciente al estado de Río Grande do Sul los días 21 a 23 de abril de 1961 con el propósito de discutir la construcción del bloque común en las relaciones con los Estados Unidos.

El acuerdo más importante que emanó de la reunión fue la determinación de que Argentina y Brasil hablaran con una sola voz en los asuntos internacionales. Dos documentos significativos emergieron después de ocho horas de consultas entre los presidentes Quadros y Frondizi. El primero de ellos fue una declaración conjunta que afirmaba que la democracia representativa en América Latina sólo podía ser mantenida a través del esfuerzo interamericano por acelerar el desarrollo económico sobre las líneas del plan de la Alianza para el Progreso. Al mismo tiempo, los presidentes "rechazaron la interferencia en los asuntos hemisféricos de fuerzas extracontinentales". El otro documento fue una convención formal por medio de la cual Argentina y Brasil acordaron hacerse "consultas permanentes en todos los asuntos de interés común y la coordinación de sus acciones en la esfera continental". El mayor énfasis puesto por los presidentes en su análisis de los problemas del subcontinente fue en la necesidad urgente de tomar una acción colectiva para erradicar el subdesarrollo económico y social. Este problema, que fue llamado "la fuente de males que afligen a la mayoría de nuestros pueblos, más que Cuba", fue calificado como la amenaza más importante para la estabilidad hemisférica y la democracia. Por otro lado, los dos mandatarios acordaron "impulsar enérgicamente la constitución de una zona de libre comercio latinoamericano, que favorezca el desarrollo de todos los países del continente y cree mejores condiciones de vida para sus habitantes". Los dos países darían un notable impulso a sus relaciones comerciales y culturales en el futuro y complementarían sus economías a fin de hacer realidad la ansiada integración brasileño-argentina.[30] La alianza argentino-brasileña se manifestó en la reunión del Consejo Interamericano Económico y Social de agosto de 1961, donde se elaboraron la "Carta de Punta del Este" y la "Declaración de los Pueblos de América". En Punta del Este hubo una cooperación concertada entre las delegaciones brasileña y argentina.[31]

La caída de Quadros no impidió que siguiera existiendo la *entente* Brasil-Argentina. El canciller San Tiago Dantas, ministro del Exterior del presidente João Goulart visitó Buenos Aires en noviembre de 1961. Aquí firmó una declaración conjunta con su colega argentino Miguel Ángel Cárcano, en la que destacaron la ratificación de la nueva amistad de los países y la reafirmación de los principios definidos en la Declaración de Uruguaiana y en el Convenio de Amistad y Consulta; una declaración de "fidelidad a los principios democráticos y a los ideales de la civilización cristiana y occidental que Brasil y Argentina compartían con los demás pueblos americanos"; una manifestación de unidad entre los dos países, como parte medular de un movimiento mayor de integración de América Latina, y el deseo de "colaborar en el desarrollo de otras naciones hermanas".[32]

El presidente Goulart llevó a cabo una dinámica acción diplomática con algunos de sus países vecinos, como Uruguay, Chile y Bolivia. En diciembre de 1961, el mandatario brasileño realizó una visita de cortesía a Montevideo, donde se entrevistó con el presidente del Consejo Nacional del gobierno de Uruguay, con quien acordó seguir una estrategia común en lo que toca a "los pro-

[30] *New York Times*, 23 de abril de 1961.
[31] Valero, *op. cit.*, pp. 211-212.
[32] Declaración San Tiago-Cárcano, en *Política externa independiente, op. cit.*, pp. 38-41.

blemas de todo orden que afectan la vida del continente".[33] Casi dos años después, el presidente Goulart repitió su visita con el propósito de firmar un importante acuerdo relacionado con el desarrollo de la cuenca de la Laguna Merim, situada entre los estados orientales de Uruguay y Río Grande do Sul.[34]

La agilización del desarrollo de las comunicaciones terrestres y fluviales entre Brasil y Bolivia fue objeto principal de tratamiento en abril de 1962 entre los cancilleres de esos países. Los Acuerdos de Roboré, mantenidos relativamene congelados durante casi veinticinco años, fueron revividos con el objetivo de que aumentaran los intercambios comerciales brasileño-bolivianos. Se creó una comisión mixta técnica que estudiara la integración ferroviara de las dos naciones, a través de una mejor utilización de la vía Santa Cruz-Cochabamba y de la construcción y mejoría de vías de acceso. Brasil se comprometió a ceder quince locomotoras de vapor y prometió solicitar al Banco Nacional de Desarrollo Económico el examen de una posibilidad de financiar la adquisición por Bolivia de material ferroviario fabricado en Brasil. En lo tocante al transporte fluvial, los gobiernos decidieron implementar el Protocolo Preliminar sobre Navegación Permanente de los Ríos bolivianos y brasileños en el Sistema Fluvial del Amazonas y abrir un crédito por diez millones de cruzeiros con tal objeto. En el campo de la cooperación cultural, el canciller brasileño expresó el deseo del ministerio de Educación y Cultura de su país de construir una escuela normal rural en tres regiones bolivianas previamente indicadas por el gobierno del país andino.[35]

En abril de 1963 se encontraron en Santiago los pre-

---

[33] Comunicado conjunto Brasil-Uruguay del 8 de diciembre de 1961, en *Política externa independiente, op. cit.,* pp. 254-255.

[34] *New York Times,* 26 de abril de 1963.

[35] Comunicado conjunto Brasil-Bolivia del 28 de abril de 1962, en *Política exterior independiente, op. cit.,* pp. 241-243. 241-243.

sidentes Goulart y Alessandri de Chile. En el comunicado emitido al final de la visita del primero a la capital chilena, los líderes propusieron la creación de una "nueva maquinaria" para hacer más accesibles los productos latinoamericanos al mercado mundial, así como una "maquinaria de consulta permanente" para acelerar la integración económica de América Latina. Los dos presidentes acordaron hacer una reunión de ministros del Exterior de los nuevos países miembros de la Asociación Latinoamericana de Libre Comercio para hacer más expedito el cambio hacia el mercado común previsto en el tratado de la asociación. En lo tocante a Cuba, reafirmaron sus políticas similares en el sentido de apoyar el derecho de autodeterminación de los pueblos y el principio de la no intervención.[36]

Importante papel estaba destinado México a desempeñar en la estrategia brasileña de la formación del bloque latinoamericano. A principios de la década de 1960, México experimentaba una nueva fase de la política exterior independiente bajo el gobierno del presidente López Mateos. Éste había mostrado claras simpatías hacia el movimiento de los no alineados y mantenía una posición de independencia en relación con el caso cubano. La similitud de puntos de vista entre México y Brasil propició el encuentro de sus mandatarios en la capital mexicana en abril de 1962. El presidente Goulart asentó en presencia de la Comisión Permanente del Congreso mexicano:

> Brasil y México son países cuyas políticas exteriores independientes se han armonizado naturalmente, sea en el ámbito americano, sea en la esfera más amplia de la política internacional. Es extremadamente importante que prosiga sin tropiezos esta armonía de puntos de vista y esa consonancia de actitudes, fruto exclusivo de una visión exacta de la contribución que pueden dar nuestros países a la tarea de elevar el bienestar de nuestros pueblos, de protección a la libertad humana y del mantenimiento de la paz

[36] *New York Times,* 25 de abril de 1963.

universal. Para que esto acontezca, para que continuemos juntos en la misma línea de independencia y comprensión, necesitamos la aprobación y el estímulo de los representantes del pueblo.[37]

La República Mexicana era uno de los pilares de la Asociación Latinoamericana de Libre Comercio, junto con Brasil y Argentina. Como se fue demostrando con el paso del tiempo, México estaba llamado a ser el miembro más importante del organismo de integración, que llegaría a participar con casi el 30% del comercio intrazonal. Los presidentes Goulart y López Mateos declararon conjuntamente:

[Ambos presidentes] reconocen y reclaman la necesidad de un esfuerzo conjunto y de una acción coordinada de los estados latinoamericanos en beneficio de la integración económica, ya que la solución adecuada de muchos de sus problemas depende de sus recursos tecnológicos y financieros que sobrepasan las posibilidades nacionales. En este sentido reafirman su apoyo a la Asociación Latinoamericana de Libre Comercio, que representa el primer paso para el tratamiento de la economía latinoamericana sobre una base de complementariedad, y abre camino... a la constitución de un mercado común y de una comunidad de pueblos del hemisferio.[38]

La política exterior independiente hizo una demostración de autonomía de los Estados Unidos frente a la difícil coyuntura de la Revolución cubana. Jânio Quadros, mientras era candidato presidencial, viajó a Cuba en el preciso momento en que Norteamérica presionaba a los países al sur del río Bravo para que rompieran relaciones con el régimen castrista. Más tarde, cuando era primer

[37] Mensaje dirigido por el presidente João Goulart al presidente de la Comisión Permanente del Congreso de los Estados Unidos Mexicanos, el 10 de abril de 1962, en *Política externa independiente, op. cit.*, pp. 233-235.
[38] Declaración conjunta Brasil-México, 10 de abril de 1962, en *Política externa independiente, op. cit.*, pp. 236-237.

mandatario, recibió en Brasilia al ministro de Industrias de Cuba, Ernesto Che Guevara, a quien le otorgó la Gran Cruz de la Orden Nacional del Crucero del Sur, reservada a los visitantes oficiales más distinguidos. Este gesto, en realidad, sólo significaba disidencia superficial respecto de los Estados Unidos; en el fondo, el gobierno brasileño deseaba tener cerca a Cuba para hacer posible su papel de mediador entre La Habana y Washington.

En abril de 1961 el presidente Quadros declaró que Brasil "apoyaba y defendía el derecho de autodeterminación" de Cuba y favorecía "cualquier esfuerzo" para resolver el conflicto entre este país y los Estados Unidos. En efecto, Quadros apeló a la "comprensión y tolerancia" hacia el régimen del premier Castro, y declaró que "el gobierno del Brasil está en favor de todos o de cualquier esfuerzo dirigido al entendimiento, en la Organización de Estados Americanos o en las Naciones Unidas, que resuelva las cuestiones de conflicto entre Cuba y el gobierno de los Estados Unidos".[39]

El ministro del Exterior, doctor Afonso Arinos de Melo Franco, no ocultaba la buena disposición de su gobierno hacia la Revolución cubana. En una conferencia de prensa, el canciller dijo que la importancia de Cuba para Brasil podía ser vista en el hecho de que Vasco Leitão da Cunha, quien había fungido como embajador en La Habana, había sido nombrado secretario general del Ministerio del Exterior, puesto equivalente a una subsecretaría en México.[40]

Una vez que Quadros desapareció de la palestra política, Goulart siguió con la misma fuerza la política de su predecesor en lo que toca a la revolución castrista, aun cuando cedió en algunos puntos a la política norteamericana. Así, en la Octava Reunión de Consulta de Punta del Este, en enero de 1962, el representante brasileño estuvo de acuerdo con sus colegas latinoamericanos en que la "adhesión de cualquier miembro de la

[39] *New York Times,* 15 de abril de 1961.
[40] *New York Times,* 7 de febrero de 1961.

Organización de los Estados Americanos al marxismo-leninismo es incompatible con el sistema interamericano y el alineamiento de tal gobierno con el bloque comunista quebranta la unidad y la solidaridad del hemisferio" y que "el actual gobierno de Cuba, que oficialmente se ha identificado como un gobierno marxista-leninista, es incompatible con los principios y propósitos del sistema interamericano".[41]

Durante la crisis de los misiles de octubre de 1962 el gobierno de Goulart apoyó sólo parte de las medidas propugnadas por los Estados Unidos para impedir un mayor envío de armas a Cuba. Citando el artículo 8 del Tratado de Río, Brasil mantuvo que un bloqueo de armamento era una autodefensa legítima. Pero Brasil no apoyó el bloqueo total ni el uso de la fuerza interamericana contra Cuba. Goulart declaró en una entrevista de prensa que "el gobierno del premier Castro se derivó de la autodeterminación del pueblo cubano". Cuando el almirante Hélio Garnier Sampaio, comandante en jefe de la flota brasileña propuso mandar dos destructores para apoyar el bloqueo naval de los Estados Unidos, fue relevado sumariamente de su puesto. En su lugar, el presidente Goulart envió una delegación especial, encabezada por el comandante de la guardia de palacio, para conferenciar con Castro acerca de la mediación de Brasil entre Cuba y los Estados Unidos.[42]

El presidente Goulart, tal vez involuntariamente, prestó un apreciable servicio a los Estados Unidos en ocasión de las acusaciones venezolanas contra Cuba por "exportar su revolución al continente". En diciembre de 1963, Venezuela se dirigió al Consejo de la OEA para que se tomara en consideración lo que describía como injerencia de Cuba en sus asuntos nacionales. El Consejo, en funciones de Organo Provisional de Consulta, dio su aprobación para que se nombrara un comité investigador. Sólo México estuvo en contra de tal medida, mien-

---

[41] Connell-Smith, *op. cit.*, p. 206.
[42] Stuart, *op. cit.*, p. 705.

tras que Brasil, "siguiendo la línea de coexistencia con Cuba", pidió al comité que realizara sus investigaciones en "Venezuela y en Cuba, concediendo a este último país la oportunidad de defenderse". Fidel Castro estuvo en desacuerdo con la investigación del comité (formado por Argentina, Colombia, Costa Rica, los Estados Unidos y Uruguay) y negó su cooperación. El informe final declaró a Cuba culpable de enviar armas, adiestrar guerrillas y buscar el derrocamiento del gobierno venezolano.[43]

RELACIONES BRASIL-PAÍSES AFRICANOS Y PORTUGAL

La política exterior independiente no sólo acercó al Brasil a las naciones socialistas y a los vecinos hispanoamericanos, sino también a los países nacientes de África y Asia. Brasil compartía muchos de los problemas económicos y sociales de sus pueblos, y vio en ello la oportunidad de convertirse en su líder. El presidente Quadros destacó particularmente este objetivo. Por lo pronto, ya existía una ideología que tenía sus raíces en lo que era común de las culturas brasileña y africana. Durante los tres siglos de esclavismo, el continente negro aportó un alto porcentaje de la población del Brasil, que no tardó en hacer sentir su presencia en todos los ámbitos de la nación sudamericana.

Jânio Quadros, en su conocido artículo "Brazil's new foreign policy", publicado en *Foreign Affairs* explicó la razón de la alianza de su país con las naciones africanas:

La cercanía de las relaciones de Brasil con los países vecinos del continente y las naciones afroasiáticas, aunque por diferentes razones, tiende a un fin idéntico. Entre ellas, en la mayoría de los casos, hay razones históricas, geográficas y culturales. Además de ello, está el hecho de que nuestra situación económica coincide con la obligación de formar un frente único en la batalla contra el subdesarrollo y la opresión... África actualmente representa una nueva dimen-

[43] Connell-Smith, *op. cit.*, p. 223.

sión en la política brasileña... Creo que es en África donde Brasil puede prestar mejor sus servicios a los conceptos de la vida y métodos políticos de occidente. Nuestro país debería tornarse en el enlace, el puente, entre África y occidente, ya que estamos tan íntimamente ligados a ambos pueblos.[44]

El ministro del Exterior, Alfonso Arinos de Melo Franco, fue igualmente explícito:

Mientras Brasil está perfectamente identificado con los ideales del sistema interamericano, es también un país con vocación africana inescapable... América tiene el destino histórico de integrarse al África, y Brasil es el puente natural para tal unión.[45]

La identificación del Brasil con los países africanos en razón de "características comunes" exigía también la toma de una firme posición anticolonialista. En el artículo de Quadros se lee:

Naturalmente que de todo esto (las características en común entre Brasil y los países africanos) sobresalen algunos puntos que pueden ser considerados básicos para la política exterior de mi gobierno. Uno de éstos es el reconocimiento de la legitimidad de la lucha por la libertad económica y política. El desarrollo de una meta común a Brasil y a las naciones con las que nos esforzamos en tener relaciones más cercanas, y el rechazo al colonialismo, es el corolario inevitable e imperativo de esa meta.[46]

Quadros llevó a cabo una política agresiva de acercamiento a las naciones de África y Asia. Ya en 1960, cuando el después presidente brasileño acababa de regresar de su viaje por estos continentes, hizo una conminatoria a tomar medidas de acercamiento con ellos.

[44] Quadros, Jânio, "Brazil's new foreign policy", en *Foreign Affairs,* vol. 40, núm. 1, octubre de 1961, pp. 19-27. Citas de las pp. 19, 21-22, 23-24.
[45] *New York Times,* 20 de marzo de 1961.
[46] Quadros, *op. cit.,* p. 24.

En opinión del futuro mandatario, la ampliación de las relaciones internacionales, en especial de los vínculos comerciales, era un imperativo para que los brasileños fueran más que "simples miembros de la comunidad sudamericana". El despertar del mundo afroasiático pedía la participación del Brasil, y por las razones que antes explicamos una participación que sería de extrema importancia, pues "los grandes Estados que han surgido en África y Asia precisarían encontrar en la madurez internacional del Brasil, el ánimo del que carecen para abreviar la inevitable emancipación".[47]

El presidente Quadros reconoció a los recién independizados estados africanos, intercambió embajadores, despachó misiones comerciales, estableció el Instituto Afro-Asiático, y ofreció becas a trescientos estudiantes africanos para que realizaran estudios de ingeniería, agricultura tropical, economía y otros en Brasil.[48]

El presidente Goulart compartía básicamente el sentimiento de unión de su predecesor hacia los países de África y Asia. En su comparecencia ante el congreso brasileño, Goulart afirmó con énfasis sus convicciones anticolonialistas:

> Es sabido que cerca de las tres cuartas partes de la humanidad viven hoy en el subdesarrollo. Sentimos afinidades con aquellos que luchan, como nosotros, por eliminar las tremendas diferencias existentes, en términos de bienestar económico y social, entre un reducido número de países y los demás. Esto nos lleva a seguir con mayor atención la campaña de emancipación de los pueblos africanos y asiáticos, iniciada después de la segunda guerra mundial. El Brasil favorece la aplicación del principio de la autodeterminación de esos pueblos, en forma pacífica y dentro del espíritu de la Carta de las Naciones Unidas... Sabemos que

[47] Declaración de Quadros, citada por Rodrigues, José Honòrio, *Brazil e Africa (outro horizonte)*, Río de Janeiro, Editora Civilização Brasileira, 1965, pp. 346-347.

[48] Burns, E. Bradford, *Nationalism in Brazil: à historical survey*, Nueva York, Frederick A. Praeger Publishers, 1968, p. 96.

el colonialismo llega a su fin... nos queda velar que la evolución no se realice a costa de pesados sacrificios.[49]

La simpatía de la política exterior populista en favor de la independencia de los países africanos se concretizó en las Naciones Unidas, que le enajenó, a su vez, la amistad de Portugal, país con quien Brasil había tenido una relación ejemplar en el pasado. Sin embargo, es interesante ver una parte del discurso del jefe de la delegación brasileña en las Naciones Unidas, Afonso Arinos, cuando se discutió la cuestión de Angola. En él se advierte el ánimo del Brasil de no chocar con los portugueses a propósito de su posición anticolonialista:

Los lazos especialísimos que existen y continuarán existiendo siempre entre Brasil y Portugal constituyen un elemento para que nos inclinemos a que la situación de Angola sea resuelta pacíficamente, de modo compatible con los intereses de los portugueses y los angoleños y con la preservación de los elementos culturales y humanos que son característicos de la presencia portuguesa en África.[50]

[49] Goulart, João, presidente de Brasil (1961-1964), *Mensagem ao Congresso Nacional 1962*, Brasilia, Departamento de Impresa Nacional 1962, p. 168.
[50] Dantas, *op. cit.*, p. 197.

4. BRASIL: POTENCIA SUBIMPERIALISTA

IMPOSICIÓN Y CONSOLIDACIÓN DEL SUBIMPERIALISMO

El golpe militar de 1964 posibilitó la implantación del modelo subimperialista en Brasil, que lo definiremos en términos generales como el proceso que implica una división de funciones económicas, políticas y hasta militares entre los Estados Unidos y sus aliados preferenciales en la dominación del área latinoamericana, en la que, naturalmente, es el país del norte el poder que impone las directivas esenciales.

Es a partir del ascenso del gobierno de Castelo Branco cuando se dan las condiciones necesarias para un arreglo de este tipo:

Con el nuevo eje hegemónico de estructura de poder coincidiendo con la base dinámica del sistema productivo, representado por las empresas públicas y privadas integradas al proceso del capitalismo internacional, estaba dada una estrecha complementariedad entre los objetivos perseguidos por las fuerzas internas que componían la coalición dominante y los intereses de la política norteamericana en el continente. Por otro lado, desde que se aceptaba en el plano económico la premisa del desarrollo dependiente y en el plano político la premisa de la hegemonía incuestionable de los Estados Unidos, hacíase posible establecer un conjunto de medidas tendiente a hacer efectivo el modelo subimperialista.[1]

En efecto, en la estructura de poder que se construye a la caída de Goulart, las posiciones de dominio fueron tomadas por el capital norteamericano, la burguesía asociada directa o indirectamente a las inversiones extranjeras, los sectores más modernos de la clase media ur-

---

[1] Martins, *op. cit.*, p. 26.

bana, es decir, los ligados al gran capital, el gobierno norteamericano y las élites burocráticas civiles y militares ("tecnoburocracia"). En la periferia de esta alianza se situaron los grupos agroexportadores y la oligarquía agraria tradicional. Los sectores industriales y mercantiles vinculados a la pequeña y mediana empresa de origen nacional vieron disminuido notablemente su poder y prestigio. Por último, los sectores trabajadores de la ciudad y del campo, así como un sector de la clase media se situaron en los peldaños inferiores del conjunto.

La raíz económica del subimperialismo tiene su explicación en la nueva división internacional del trabajo, en la que algunos países periféricos —por sus recursos naturales y humanos, por su extensión territorial, por su posición estratégica— participan en la producción de bienes de consumo durable y hasta de bienes de capital, pero sin hacerlo en las etapas superiores que requieren de grandes recursos financieros y tecnología sofisticada, como es el caso de la producción de computadoras, de conjuntos automatizados y de otros ítems que sirven de mecanismos de control tecnológico de todo el gran sistema industrial.[2]

Mientras en el período anterior el sistema capitalista internacional aparecía dividido entre un pequeño grupo de países que tenía el monopolio de la producción de bienes industriales y de la tecnología correspondiente, y un numeroso grupo de países productores de materias primas para la exportación, ahora la cadena imperialista se configura de modo diferente. Además de ese reducido grupo de países centrales de la economía capitalista, otros ya participan, en medida desigual, como sedes secundarias de acumulación, controladas por las burguesías de los países "centro", pero asociadas e integradas a las burguesías de los países subordinados. La consecuencia necesaria de este fenómeno es la división de los países periféricos en aquellos que están en condiciones de desarrollar un tipo de producción industrial superior y otros

[2] Marini, *op. cit.*, p. xix.

que son simples mercados consumidores. La otra parte de la explicación se encuentra en el modelo de desarrollo económico que Brasil ha seguido en el período de los militares, que privilegia al capital extranjero y nacional. Una vez completada la reconstrucción europea y el rearme que la guerra fría en Europa y la guerra de Corea propiciaran, la economía norteamericana perdió dinamismo y buscó nuevos mecanismos de realización de ganancias a través de inversiones en sectores de las economías de los países de menor desarrollo. El sector industrial de los países latinoamericanos, particularmente de los más grandes, pasó a ocupar un lugar relevante como destino de la inversión norteamericana.[3]

Las inversiones directas provenientes de los Estados Unidos en América Latina, tuvieron, como era de esperarse, consecuencias importantes en las bases económicas de los países receptores, particularmente por su carácter concentrador y exclusivo. El nuevo aparato productivo importado, aprovechando la estructura del mercado ya existente (que favorece a las clases pudientes) se dedicó a la producción de bienes de consumo durable y no durable, en muchos casos de carácter suntuario que, dada la estructura de la demanda de nuestros países, van a parar a la satisfacción de los sectores de más altos ingresos, con lo que se ayuda a perpetuar la tendencia a la compresión del consumo popular y se profundiza el desfase entre la estructura productiva y las necesidades de consumo de las mayorías.

El tipo de tecnología que utiliza la gran empresa ex-

[3] En el período 1955-1968, la inversión directa norteamericana en la industria manufacturera de las economías latinoamericanas creció a una tasa acumulativa anual del 7.9%, en tanto que el sector de la minería y fundición lo hacía sólo a una del 3.6% y la inversión total a una del 4%, según un cálculo efectuado en base a la información del *Survey of Current Business,* Office of Business Economics, U. S., Departament of Commerce, citado en Briones, Álvaro, "Neofascismo y nacionalismo en América Latina", *Comercio Exterior,* México, Banco Nacional de Comercio Exterior, vol. 25, núm. 7, julio de 1975, p. 746.

tranjera, por otro lado, se caracteriza por ser ahorrativa de mano de obra, lo que limita las posibilidades de empleo de la abundante fuerza de trabajo disponible de la que una parte significativa queda marginada del consumo y pasa a engrosar las filas del ejército industrial de reserva. Desde el punto de vista de la producción, la industrialización dependiente origina una creciente diferenciación entre los distintos sectores de la economía industrial. En un extremo queda el "sector moderno", altamente monopolístico y provisto de todas las condiciones para crecer por los recursos con que cuenta y por el mercado dinámico del que dispone; en el otro extremo está un sector más vasto que produce a niveles de productividad relativamente más bajos sobre la base de tecnologías atrasadas y que fabrica bienes destinados a satisfacer las necesidades de sectores cuyos niveles de ingreso son relativamente bajos y sujetos al deterioro constante y que, a consecuencia de todo ello experimenta una creciente situación de estancamiento.

Este esquema tiene dos consecuencias de fundamental importancia: la necesidad de recurrir al capital extranjero para fines de aprovisionamiento de tecnología y de financiamiento y la necesidad de transferir poder de compra de las masas trabajadoras a la franja consumidora que no excede del 20% de la población total a fin de asegurar el dinamismo del sistema, lo que lleva a una inevitable situación de superexplotación de los trabajadores.[4] Por otro lado, el mecanismo del que se vale el sistema económico para sobrevivir a los problemas derivados del mercado estrecho es la exportación de mercancías, como en el caso del Brasil:

Así, sea por por su política de refuerzo de su alianza con el latifundio, sea por su política de integración al imperialismo, la burguesía brasileña no puede contar con un crecimiento del mercado interno en grado suficiente para absorber la producción creciente que resulta de la modernización tecnológica. No le queda otra alternativa que intentar expan-

[4] Marini, op. cit., pp. xvi y xvii.

dirse hacia el exterior, y se le vuelve necesario garantizar una reserva externa del mercado para su producción. El bajo costo de producción, que la actual política salarial y la modernización tienden a crear, señala la misma dirección: la exportación de productos manufacturados.[5]

El modelo de desarrollo puesto en marcha por los militares brasileños, asociado al capitalismo internacional, requirió de la implementación de una serie de medidas de política económica que afectaron de modo notable la base productiva existente. En una primera instancia el aparato estatal, particularmente en sus sectores más relacionados con la economía y las finanzas, fue modificado con el objeto de hacerlo más eficiente en su labor de construir un nuevo orden. El esquema inflacionario abierto que tenía proporciones alarmantes en el período Quadros-Goulart fue sustituido por el endeudamiento externo a la vez que se frenaba la inflación mediante la compresión salarial, el estancamiento del crédito y la fijación oficial de los precios cuando era posible. El congelamiento salarial acabó por estrechar aún más el consumo, mientras que el estancamiento del crédito acabaría por hacer quebrar a muchas pequeñas y medianas empresas, nacionales en su gran mayoría, y por alentar la concentración y la desnacionalización en consecuencia.

Uno de los resultados más notables de las medidas de política económica fue la mayor concentración del ingreso. Teniendo como base datos oficiales, el economista João Carlos Duarte elaboró un cuadro sugestivo que evidenciaba la exclusión de las mayorías brasileñas en términos socioeconómicos. Véase cuadro 1 en la p. siguiente.

Así pues, los beneficiarios del proceso de concentración del ingreso que ocurre en Brasil son, por lo tanto, los miembros de la clase capitalista, pero es indiscutible que la clase media también participa ampliamente en los beneficios del aparato económico, mientras que la mayoría permanece con su ingreso básicamente estancado y al margen del proceso de desarrollo. El fondo de la crisis

[5] *Ibid.*, pp. 75-76.

CUADRO 1

DISTRIBUCIÓN DEL INGRESO EN BRASIL
1960-1970

Capas de la población	Participación porcentual del ingreso nacional	
	1960	1970
80% más pobres	45.52	36.82
20% más ricos	54.48	63.18
5% más ricos	27.35	36.25
1% más ricos	11.72	17.77

FUENTE: João Carlos Duarte, citado en Sodré, Nelson Werneck, *Brasil: radiografía de un modelo*, Buenos Aires, Editorial Orbelus, 1972, p. 129.

de 1962-1967 y de la recuperación a partir de 1968 que se interrumpió parcialmente a partir de 1973 en Brasil radica en el modelo de desarrollo que ha seguido.

La concentración de la renta se hace evidente y se manifiesta en el bajo crecimiento relativo de las industrias de bienes de consumo popular y en la expansión de las industrias de bienes de consumo durable y de algunos bienes de capital.[6]

La actual fase de desarrollo industrial en Brasil se identifica con el modelo de desarrollo asociado o de la internacionalización de la economía brasileña. En realidad este patrón estuvo siempre presente, en diferentes grados, en la estructura económica del Brasil. En el período de la hegemonía del modelo exportador el capital extranjero ya tenía su lugar en áreas tales como la de las co-

[6] En el decenio 1960-1970, los índices del producto real crecieron en el ramo del material de transporte, un 189%; en el ramo del material eléctrico y comunicaciones, 208.2%. En tanto, el crecimiento de ese índice en el ramo del vestido, calzado, tejido y alimentos fue del orden de apenas el 13.7% en el período de 1962 a 1970. Neto, João Pinheiro, "Las rentas de la nación", en *Correio de Manhã*, Río de Janeiro, 20 de julio de 1972, citado por Sodré, *op. cit.*, p. 124.

municaciones, el transporte, la producción de electricidad y la minería. Desde antes de 1929 los empréstitos extranjeros fueron necesarios para superar las dificultades derivadas de las crisis periódicas en el mercado del café y los problemas del presupuesto gubernamental. La fase de sustitución de importaciones redefinió el destino de las inversiones extranjeras, particularmente norteamericanas en las formas de financiamiento e inversiones. El período Kubitschek marcó el principio de la actual internacionalización de la economía brasileña, con la ayuda del Programa de Metas, que fue el instrumento que permitió la entrada prácticamente libre del financiamiento externo.[7]

La atracción del capital extranjero a partir del golpe de 1964 fue favorecida por los procesos económicos que reclamaban su desarrollo, a saber:

1]. Con la deterioración de las relaciones de intercambio internacional se hizo más urgente que Brasil entrara a un nivel técnico de industrialización mayor, a fin de poder competir con otros centros del mercado internacional.
2]. La necesidad de exportar productos manufacturados requirió la formulación y eliminación del proteccionismo que permitiera o favoreciera la creación o expansión del sector industrial en el período en que la política de sustitución de importaciones tenía lugar.
3]. Se impuso una reformulación con el objetivo de poner a Brasil en la economía internacional. La necesidad de un nivel técnico industrial requiere la creciente asociación con organizaciones que monopolicen la tecnología más moderna en las naciones industriales más avanzadas. Estas organizaciones son los oligopolios internacionales que mantienen laboratorios de investigación y control tecnológico.[8]

La dictadura militar brasileña emprendió una vigorosa política de estímulos y atractivos a las inversiones extranjeras, mediante la revocación de medidas que frenaban

[7] Ianni, Octavio, *Crisis in Brazil,* Nueva York, Columbia University Press, 1970, pp. 22-24.
[8] *Ibid.,* p. 148.

su entrada —como la Ley de Remesa de Lucros—, la concesión de privilegios de explotación y la firma de un acuerdo de garantías para las inversiones norteamericanas. Los resultados no tardaron en hacerse sentir, ya que el proceso de desnacionalización de la economía brasileña se aceleró como nunca, hasta llegar a niveles verdaderamente alarmantes. Hacia 1970 el capital extranjero en los sectores más dinámicos de la economía del Brasil participaba mayoritariamente: 70.2% en la industria de punta y 50.3% en el comercio. En el sector terciario, la participación del capital extranjero era del 67.8% en el transporte, 69.2% en la imprenta, 89.9% en la publicidad. El capital extranjero tenía el control de la industria farmacéutica, con una participación que ascendía al 93%; la automotriz con el 90%; la industria de máquinas y equipos, con 73%; la industria vidriera con 53%. Estaba presente en la industria metalúrgica, con un 42%; en la del caucho con el 38%; en la siderúrgica con el 35%; en la del papel y celulosa, con el 24%. Los datos de 1970 permiten comprobar que las empresas extranjeras, tomando en cuenta el balance de las diez empresas mayores de cada sector, dominaban en forma absoluta la producción de bienes de consumo durable con inversiones del orden de 2.5 mil millones de cruzeiros contra menos de 700 millones de cruzeiros de las empresas privadas nacionales. Dominaban la producción de bienes intermedios, con 3.7 mil millones frente a 1.4 mil millones de cruzeiros de las empresas nacionales, aunque aquí la producción del área estatal era mayor, con 5.6 mil millones de cruzeiros. Dominaban la infraestructura, con 2.6 mil millones, contra sólo 1.6 mil millones de las empresas nacionales; pero aun aquí era el estado el que tenía la participación más considerable, con casi 11 mil millones de cruzeiros.[9]

Otra de las medidas importantes de política económica

[9] *O Mundo Econômico*, São Paulo, julio-agosto de 1970, citado por Sodré, *op. cit.*, pp. 138-139.

que permitió el aumento de la renta de las inversiones sin que mediara un proceso de redistribución del ingreso fue el aliento oficial a las exportaciones de manufacturas. Dicho estímulo tiene la característica de compatibilizar concentración de la renta y crecimiento económico. La importación derivada de la renta de las exportaciones se puede concentrar en la compra de materias primas intermedias y equipos destinados a elevar la producción exportable, de tal manera que el sistema económico se mantiene en funcionamiento, independientemente de la redistribución del ingreso interno.[10] Los bajos costos de los factores de la producción en Brasil, amén de los estímulos de orden fiscal, son importantes incentivos para que la firma extranjera se establezca y exporte. Un caso típico de esta empresa es la automotriz, que vende una parte importante de su producción no sólo a los países vecinos del Brasil, sino también a los Estados Unidos.

Hacia 1971 las fórmulas de política económica de los militares empezaron a rendir sus mejores frutos, al grado de que muchos optimistas hablaban del "milagro económico" que tenía lugar en Brasil. La tasa de crecimiento del PNB era del orden del 11% en comparación con el 9% de los dos años precedentes. Los severos controles fiscales redujeron el nivel de la inflación que una vez había sido el más alto de América Latina, al 18%. Brasil tenía la octava industria automotriz del mundo, que producía 510 000 unidades por año y su complejo siderúrgico era el más importante de América Latina. El control de los militares se extendió prácticamente a todos los sectores de la economía, y mientras se estimulaba el crecimiento de las empresas privadas, domésticas y extranjeras, se encontró que en 1971, cuarenta y tres de las cien mayores corporaciones en Brasil eran propiedad del gobierno u operadas por él.[11]

[10] Pereira, Luiz Carlos Bresser, "El nuevo modelo brasileño de desarrollo", en *Investigación Económica*, México, UNAM, Escuela Nacional de Economía, octubre-diciembre de 1974, p. 132.

[11] *New York Times*, 25 de enero de 1971.

El dinámico avance de la economía brasileña se mantuvo en 1972 con una tasa de crecimiento de cerca del 10% y un PNB de aproximadamente 44 mil millones de dólares. Las exportaciones sumaron 4 mil millones de dólares, la cifra más alta de la historia del Brasil, y la tasa inflacionaria se sostuvo en el 15%, el incremento anual más bajo de una década.[12] Sin embargo, a partir de 1973, a raíz de la crisis energética y de sus efectos en cadena sobre la economía mundial, empezaron a descender los índices favorables que se habían registrado en los diferentes aspectos de la economía brasileña.

El subimperialismo brasileño ha tenido en algunas épocas un papel político de primera importancia en la vida de los países vecinos, ya que el "aliado privilegiado" ha sido copartícipe, a manera de "gendarme regional", de las funciones político-ideológicas del control imperialista.

El maestro Marini nos dice a este respecto:

> El subimperialismo ha pasado a desempeñar un papel determinante en el curso del proceso político de nuestros pueblos. Respuesta de la reacción nacional y extranjera al ascenso de las luchas de clases en la región que se inicia con la Revolución cubana, la afirmación y la proyección externa del subimperialismo brasileño se ha dado *pari passu* con la agudización de las luchas populares en otros países, particularmente los que están en su zona de influencia más directa: Uruguay, Bolivia, Chile, y, en cierta medida, Argentina.[13]

Huelga decir que el subimperialismo brasileño no ha tenido lugar en forma autónoma, sino que se ha encontrado estrechamente ligado a las directivas de su socio mayor, el imperialismo norteamericano. A pesar de ello, el subimperialismo ha podido mostrar en ocasiones cierto grado de independencia de los Estados Unidos. Este autonomismo encuentra sus raíces en el carácter mismo del estado brasileño como un ente, que si bien inserto en una sociedad de clases y con funciones específicas de domi-

---

[12] Stuart, *op. cit.*, p. 718.
[13] Marini, *op cit.*, p. XXI.

nación, posee ciertos intereses propios que lo pueden hacer diferir en cuanto a apreciaciones, estrategias y acciones con el poder económico dominante. El desarrollo de la técnica administrativa, aunado a los crecientes recursos financieros disponibles y a la también mayor participación del estado en las decisiones a nivel doméstico, han transferido poder a una tecnoburocracia que en ciertas ocasiones tiene la capacidad de dictar medidas y llevarlas a cabo a pesar de las opiniones de parte o partes de la alianza en que encuentra su base de apoyo. Escudándose en la protección de los "intereses nacionales", el estado brasileño ha tomado medidas de tinte nacionalista como en los casos de las doscientas millas del mar territorial, la transamazónica, el café soluble, la transferencia de tecnología nuclear alemana y el reconocimiento a la facción angoleña MPLA, entre otras.[14]

LA DOCTRINA GEOPOLÍTICA

El pensamiento de Golbery do Couto e Silva, expresado en una serie de ensayos escritos a partir de 1952 y compilados en el libro *Geopolítica do Brasil*, es la base de la doctrina que domina de manera abrumadora la ofensiva expansionista del Brasil sobre América Latina y África. Aun cuando algunas de las concepciones de esta obra han sido modificadas al calor de los acontecimientos, *las ideas esenciales han tenido vigencia a lo largo de la vida del gobierno militar* y representan una guía valiosa para la acción estatal, tanto en el plano externo como en el interno.

El pensamiento geopolítico, por otro lado, es la doctrina oficial de la Escola Superior de Guerra desde antes del golpe militar de 1964. En ésta se fraguó la conspiración que derrocó al gobierno de Goulart y se formaron los cuadros tecnocráticos de origen militar y civil que

[14] Pereira, *op. cit.*, p. 25.

habrían de dirigir la nueva etapa en la historia del Brasil, bajo las consignas de "desarrollo y seguridad".[15]

Así pues, la *Geopolítica do Brasil* es una obra de referencia obligada para el que pretenda conocer las bases ideológicas del proceso político brasileño en su totalidad. En este trabajo nos limitaremos a resaltar algunos de los aspectos más importantes de la obra, que tienen que ver con el propósito de entender la política exterior del Brasil. No examinaremos el libro del general Golbery a la luz de las teorías de la geopolítica porque, hablando con verdad, caeríamos en un estudio estéril de "antecedentes teóricos" que tendría poco o nada que ver con nuestros propósitos. Hemos preferido limitarnos a ver la obra en tanto "guía de acciones", y la referiremos a los hechos concretos del devenir histórico. Con esta advertencia también pretendemos expresar nuestra idea de la naturaleza racionalizadora del pensamiento geopolítico y esfumar, en consecuencia, sus pretensiones teóricas.

La "doctrina de la seguridad nacional", como se le llama al pensamiento geopolítico, tiene como preocupaciones principales los problemas básicos que interesan al desarrollo de la política exterior y su coordinación con las necesidades de la seguridad interna. Dicha doctrina conceptualiza a la nación como fenómeno social que tiene como elementos fundamentales al hombre, la tierra y las instituciones.

Entre éstas sobresale el estado, la nación organizada, una suerte de superorganismo que tiene, en palabras

---

[15] El binomio de "desarrollo y seguridad" resume la política general de los militares brasileños en el poder a partir de 1964. La expresión, aunque norteamericana, es la versión moderna de "orden y progreso" tan en boga a fines del siglo pasado y principios del presente. El "desarrollo", tal y como lo entienden los gobiernos castrenses es igual a la "modernización", esto es, a la maximización de la eficiencia, la producción y la riqueza material a través del uso de la tecnología más avanzada. La "seguridad" significa la ausencia de amenazas al poder estatal y al orden social a través de la lucha sin cuartel contra toda forma de "subersión", término aleatorio y universal a cualquier oposición, no importa su color.

de Kjellén, "intereses, instintos, sobre todo el instinto de conservación, la voluntad de crecer, la voluntad de vivir y la voluntad de poder...".[16] La consecuencia lógica de esta afirmación es que el estado, como cualquier organismo viviente, tiene la necesidad de procurarse territorio, sea consiguiendo más, sea aprovechando con mayor eficacia el que ya tiene.

El estado es, en opinión de los militares, la encarnación del "espíritu brasileño" y el gobierno, el eje que le da unidad y le asegura su supervivencia. Éste tiene la misión de perseguir los *objetivos nacionales* (esto es, las aspiraciones e intereses del "grupo nacional", los "permanentes" y los "actuales"), a través de todas las actividades políticas, económicas, psicosociales y militares que forman las "directrices gubernamentales", mediante el uso del poder nacional. El desarrollo del conjunto de actividades lleva por nombre "política nacional".[17] El concepto de seguridad nacional elaborado por Do Couto e Silva es integral, en el sentido de que abarca todo lo que importa a la vida de la nación en el plano interno y en el externo.

La geopolítica fundamenta en la geografía la idea expansionista del destino manifiesto del Brasil, destino que se deriva de su extensión territorial y de su excelente posición geográfica, y es el gobierno el que está obligado a realizar los designios de la historia. La mentalidad geopolítica conduce, en consecuencia, a una política de poder dirigida a fortalecer al estado frente a los demás; y después, una política nacional tendiente al expansionismo. "Poco importa" —nos dice Oliveros Ferreira— "si la expansión se hace más allá de las fronteras nacionales a fin de conquistar el *lebensraum* (espacio vital) que el estado juzga indispensable para la realización de sus potencialidades, o dentro de sus propias fronteras, coloni-

[16] Silva, Golbery do Couto e, *Geopolítica do Brasil*, Río de Janeiro, Livraria José Olympo Editora, 1967, p. 17.
[17] Ríos, José Arthur, "Los militares y el poder en Brasil", en Beltrán, Virgilio Rafael (comp.), *El papel político y social de las fuerzas armadas*, Caracas, Monte Ávila Editores, 1970, p. 183.

zando el territorio ya legalmente dominado pero no ocupado socialmente".[18] Así pues, la geopolítica está referida a dos ámbitos: el interno y el externo:

> En el campo interno, la problemática geopolítica se resume en la incorporación efectiva y vitalización de todo el amplio dominio, en gran parte ausente del hombre y de la civilización fecundadora... En el ámbito externo, el problema fundamental de la geopolítica es, en primer lugar, de naturaleza estratégica y no podrá dejar de tomar en cuenta la salvaguarda de la inviolabilidad territorial, ante las demandas externas de cualquier origen que tenga...[19]

Es importante hacer destacar que la geopolítica brasileña se plantea en términos fundamentalmente estratégicos, derivada de la situación de guerra fría que privaba en el momento en que se acuñó.

El general Golbery diseñó una geopolítica brasileña para auxiliar a los Estados Unidos en la defensa de Occidente contra el "imperialismo comunista de origen exótico":

> Lo que hoy nos amenaza, como ayer, es una amenaza que no está dirigida contra nosotros, sino directamente contra los Estados Unidos de América, la cual, incluso si queremos subestimarla dando mayor énfasis a la practicabilidad todavía bastante discutible de un ataque transártico, no por eso resulta insubsistente, a más que, de ninguna manera, puede desmerecer la importancia estratégica del Noreste brasileño, no para nosotros, que nada queremos del otro lado del Atlántico, sino para los EUA, que se han comprometido a fondo en la defensa de Europa...[20]

El apoyo que Brasil le otorga a los Estados Unidos en la defensa de la sociedad occidental y cristiana no es gratuito, y el militar brasileño ni tardo ni perezoso lo hace

[18] Ferreira, Oliveros S., "La geopolítica y el ejército brasileño", en *El papel político y social de las fuerzas armadas, op. cit.*, p. 183.
[19] Silva, *op. cit.*, p. 95.
[20] *Ibid.*, p. 53.

saber. Brasil entraría en el condominio de una parte del área sujeta a la tutela del imperialismo norteamericano, aunque sin hacer mayor precisión:

> De un poder marítimo insular, los Estados Unidos se han convertido en una potencia marítima mundial, ampliando a las costas fronterizas su zona de seguridad antelitoral. Encontramos el reconocimiento definitivo de que no hay más fortalezas oceánicas y de que el aislacionismo está muerto... Ahora, cuando nuestros vecinos latinoamericanos abiertamente se oponen a los Estados Unidos bajo la cobertura de la llamada Tercera Posición, o de cualquier otro ribete, aprovechándose de las preocupaciones norteamericanas en ultramar, Brasil parece estar en condiciones superiores, por su economía no competitiva, por sus amplias y probadas tradiciones amistosas y, sobre todo, por sus triunfos de que dispone para una *barganha leal* —el manganeso, las arenas monazíticas, la posición estratégica del Nordeste, la boca del Amazonas con la Isla de Marajó— de negociar una alianza bilateral más expresiva, que nos asegure no sólo los recursos necesarios para contribuir sustancialmente a la seguridad del Atlántico Sur y defender, si fuera el caso, aquellas áreas brasileñas tan expuestas a amenazas extracontinentales, contra un ataque envolvente al territorio norteamericano vía Dakar-Brasil-Antillas, sino una alianza que, por otro lado, traduzca el reconocimiento de la real estatura del Brasil en esta parte del Atlántico...[21]

Ante el conflicto Estados Unidos-Unión Soviética, Brasil debe estar firme en su puesto de vigilante de la seguridad en el Atlántico Sur, que por otro lado, es su área de influencia natural. La defensa de este sector del mundo es una obligación brasileña, y los beneficios que de ella pudieran salir son para el goce exclusivo del Brasil (y claro, de los Estados Unidos):

> Si la geografía atribuyó a la costa brasileña y a su promontorio nordestino un cuasi monopolio de dominio en el Atlántico sur, ese monopolio es brasileño y debe ser ejercido exclusivamente por nosotros, por más que estemos, sin confusiones, dispuestos a utilizarlo en beneficio de nuestros hermanos del

[21] *Ibid.,* pp. 51-52.

norte... También nosotros podemos invocar un "destino manifiesto", siempre y cuando no se enfrente en el Caribe con nuestros hermanos del norte..."[22]

Golbery do Couto e Silva consideraba a los países hispanoamericanos un caldo de cultivo excelente para el establecimiento de regímenes comunistas que eventualmente cercarían y aislarían al Brasil en una primera etapa. A principios de 1959, el general Golbery sostuvo que la guerrilla era la verdadera amenaza a la seguridad de América Latina, aún más que un ataque desde el extranjero:

> Lo cierto es que hoy en día las amenazas más probables se limitan a la guerrilla, los conflictos localizados, y sobre todo, la agresión comunista indirecta, que capitaliza a su favor el descontento local, las frustraciones que engendran el hambre y la miseria, y las justas aspiraciones nacionalistas... América Latina enfrenta ahora amenazas más reales que nunca, amenazas que pueden conducir a la insurrección, a los estallidos de violencia que procuren implantar (aunque no abiertamente) un gobierno favorable a la ideología comunista, constituyéndose en grave e inminente peligro para la unidad y seguridad de los americanos y del mundo occidental.[23]

El estudio cuidadoso de la *Geopolitica do Brasil* nos permite observar que a mediados de la década de 1950, antes de que los Estados Unidos comenzaran a preocuparse seriamente por el problema de la guerrilla y la contrainsurgencia, los estrategas de la ESG ya lo habían hecho. Alfred Stepan menciona que Golbery le comentó en el curso de una entrevista que la Escuela Superior de Guerra "comenzó a manifestar su preocupación por la sedición interna y la guerrilla revolucionaria mucho antes que los Estados Unidos, debido a que, en nuestro caso, la guerra atómica era técnicamente un imposible... Los problemas reales del Brasil hacían que la

---

[22] *Ibid.*, pp. 53-54
[23] *Ibid.*, pp. 198-199.

guerrilla revolucionaria constituyera una amenaza más grave para nosotros que para Estados Unidos".[24] América Latina, en particular la de América del sur, es un área prioritaria para la política exterior del Brasil. Para fines de expansión subimperialista, Golbery dividió el cono sur en varias partes, a las que llamó *áreas geopolíticas*. Para quitar las sospechas que esto pudiera despertar, el geopolítico las definió como "zonas de integración geopolítica con miras a una conjunción voluntaria de esfuerzos nacionales para tareas constructivas de la paz".[25]

La plataforma central de maniobra en la tarea de integrar los territorios al sur de Panamá lo constituye el triángulo Río-São Paulo-Belo Horizonte, que tiene como primer objetivo el estado de Minas Gerais y el sur de Goiás. Las *áreas geopolíticas terrestres* son las que están al noroeste y al sur del continente, y están constituidas del siguiente modo: la primera, formada por Perú, Ecuador, Colombia, Venezuela y las tres Guayanas y la región brasileña del Amazonas, Pará, Acre, Amapá, Rio Branco y el norte de Goiás; la segunda, formada por Argentina, Chile, Uruguay y el Brasil platino, éste integrado por Río Grande do Sul, Santa Catarina y Paraná; finalmente está el área llamada de *soldadura*, caracterizada por su ambivalencia amazónica-platina, y que serían, *grosso modo*, Bolivia y Paraguay, junto con el estado de Matto Grosso y el territorio de Guaporé.[26]

Hacia 1952 do Couto e Silva expresaba su preocupación por el escaso interés que habían mostrado los gobernantes brasileños en el desarrollo de las zonas fronterizas. Así, la primera área geopolítica tenía extensiones enormes en estado virtualmente virgen, y lo que era peor, estaban en las zonas fronterizas interiores. El asentamiento clandestino de extranjeros en las zonas selváticas brasileñas podría traer dificultades en el futuro, de las que son ampliamente conocidas en América Latina. Por lo tanto,

[24] Stepan, *op. cit.*, p. 157.
[25] Silva, *op. cit.*, pp. 88-89.
[26] *Ibid.*, p. 90.

el militar recomendaba la puesta en marcha de un plan de integración de la Amazonia.[27]

Paraguay, Bolivia y Uruguay, como antaño, es un territorio de fundamental importancia para la política exterior brasileña. A los dos primeros países el general Golbery los considera, por su tributarismo a Argentina y su dependencia económica de esta nación, así como por su posición geográfica entre dos gigantes, como "prisioneros geopolíticos". Por otro lado, "a causa de su inestabilidad política y económica [son] indiscutibles zonas de fricción externa donde pueden chocar, quiérase o no, los intereses brasileños y los argentinos. La posición de Uruguay es semejante a la de Paraguay y Bolivia, por su condición de 'estado colchón' entre dos potencias en conflicto". Su naturaleza geográfica, en opinión de Golbery, es la de un ente "medio brasileño y medio platino", por lo que es el foco de máxima tensión en el campo sudamericano.[28]

La relativa cercanía geográfica del África de Brasil es una razón para que se le considere parte de la esfera de influencia de este país por el pensamiento geopolítico. El continente negro, sobre todo el de habla portuguesa, es para los brasileños una fuente de materias primas de importancia, así como un mercado potencial ilimitado para sus productos, y además, allí "no existen intereses vitales de una superpotencia como los EUA".[29]

Así pues, la *Geopolítica do Brasil* pone las bases de los planteamientos ideológicos del expansionismo brasileño. Sin embargo, existen otros mecanismos sin cuyo concurso sería imposible que Brasil alcance su tan anhelado estatus de gran potencia. Podemos mencionar, entre los principales: *1]* el uso de los inmensos recursos naturales y humanos del país para hacer posible la potencialidad económica; *2]* este propósito podrá alcanzarse con la colonización en gran escala de los territorios de la selva amazónica; *3]* el desarrollo de la fuerza política y estra-

[27] *Ibid.*, p. 56.
[28] *Ibid.*, p. 57.
[29] *Ibid.*, p. 52.

tégica con la ayuda de los beneficios derivados de un
"boom" económico; *4]* el desarrollo de la potencialidad
militar; *5]* la apertura de salida al océano Pacífico y la
proyección internacional; *6]* el movimiento comunista,
por ser un factor de trastorno interno y externo, deberá
ser combatido sin cuartel; *7]* la puesta en, marcha de una
política activa de creación de una sólida esfera de influencia, que evite cualquier "hostilidad" en las extensas
fronteras del Brasil con diez países sudamericanos; y,
8] la seguridad del apoyo norteamericano en todas estas
maniobras.

LA CONSTRUCCIÓN DEL COMPLEJO INDUSTRIAL-MILITAR

El desarrollo de un potencial militar propio ha sido uno
de los objetivos básicos y permanentes de la política de
gran potencia que absorbe los esfuerzos de los gobernantes brasileños. Hoy por hoy, Brasil es el país líder del
Tercer Mundo en la producción de equipo militar para
uso doméstico y para el mercado externo, gracias a los
acuerdos de coproducción que desde hace varios años
ha ligado a este país con empresas y gobiernos de Estados Unidos, la República Federal Alemana, el Reino
Unido, Francia e Italia. Los empeños brasileños por
construir una industria militar sólida deben admitir dos
consideraciones: por un lado, se reconoce que la sustitución de importaciones de material bélico reporta beneficios inmediatos a la balanza de pagos al reducir las
compras en el exterior y posibilita abundantes ingresos
por concepto de ventas de mercancía militar a diversas partes del mundo, amén de estimular al sector industrial civil más avanzado en su conjunto. Por el otro,
se considera altamente riesgoso para la *seguridad nacional*
la dependencia externa con respecto a los suministros de
guerra, sobre todo de los provenientes de los Estados
Unidos, que, como se ha demostrado de cuando en
cuando, no son siempre de la calidad deseada ni seguros
de adquirir.

Los afanes de los actuales gobernantes brasileños deben considerarse exitosos, si tomamos en cuenta que el país sudamericano puede ser capaz de sobrevivir como un poder militar organizado sin el apoyo de los Estados Unidos. La actual producción militar del Brasil arranca de una decisión que tuvo lugar en 1965, cuando el gobierno decidió poner en marcha un programa industrial que hiciera viable la autosuficiencia material de las fuerzas armadas, a través de proyectos desarrollados con la colaboración de la industria privada y las empresas estatales.

Durante una década Brasil hizo importantes avances en la producción de equipo de aire y tierra, y el esfuerzo recibió un fuerte impulso al crearse en 1975 la empresa oficial IMBEL para la fabricación de material bélico. A partir de entonces se expandió la producción y coproducción de equipo moderno para satisfacer los requerimientos locales y de los mercados de exportación. Parte muy importante de los planes originales de IMBEL fue incrementar la participación privada en el desarrollo de industrias de defensa local, con el argumento de que las empresas estatales se habían hecho obsoletas y necesitaban de una reorganización interna. Además, se estableció que las empresas extranjeras podían instalar líneas de producción en Brasil, con el compromiso de que aportaran tecnología, capital y clientes en el exterior.

Los gobernantes brasileños han destacado en repetidas ocasiones que sus programas de equipamiento militar están dirigidos a remplazar el viejo equipo de la segunda guerra mundial que no sólo es obsoleto e ineficiente, sino que también requiere costos de operación y mantenimiento excesivamente altos. Sus planes, como lo indicamos anteriormente, persiguen propósitos que van más allá de la mera renovación de las existencias de armamento. Brasil en los últimos años ha seguido una política de importar sólo la cantidad de material de guerra que sea necesaria para adquirir derechos de patente y tecnología especializada, así como de satisfacer las insuficiencias de la producción interna de material de guerra.

Dentro de los progresos hechos por Brasil en la fabricación de material bélico es importante mencionar los frutos alcanzados por la firma ENGESA (Engenheiros Especializados) en el diseño y producción de vehículos blindados ligeros. Éstos incluyen al Cascavel, carro de reconocimiento; al transportador anfibio Urutú, y al más reciente Sucuri, carro también anfibio. El Cascavel y el Urutú están provistos de un motor Mercedes Benz producido en Brasil, pero a los que se les puede adaptar un Perkins o un Detroit Diesel. También se ha probado con éxito el ajuste de la torre blindada de un tanque ligero británico Scorpion al Cascavel y al Urutú. El Sucuri, por su parte, puede llevar una torreta de fabricación francesa. Mientras que numerosos Cascaveles y Urutús han sido comprados por el ejército y la armada brasileña, otros han sido ordenados por Kuwait, Libia, Qatar, Bolivia, Chile, Abu Dhabi, Canadá, Israel, Perú, Paraguay y Turquía. En otras áreas de la producción, Brasil exporta llantas antibalas para los carros blindados británicos, jeeps militares a Perú y vehículos pesados para todo terreno a varios países africanos.

Se calcula que las tres quintas partes de los aviones de la Fuerza Aérea Brasileña son manufacturados nacionalmente, y muchos aeroplanos importados transportan armas y partes producidas en Brasil. Este país figura como coproductor de Estados Unidos en componentes del avión F-5E de la empresa Northrop, a través de la Empresa Brasileira de Aeronáutica (EMBRAER), que arrancó al Pentágono el compromiso de coproducción como precio por la adquisición a la Northrop de cuarenta y dos aviones de ese modelo.

A través de EMBRAER, Brasilia está comprometida en un esfuerzo por integrar nacionalmente la fabricación de los F-5E. Desde la fundación de EMBRAER en 1969, se ha desarrollado un ambicioso programa que comprende la producción de motores para los aviones y sus partes en asociación con la industria brasileña de automotores, así como la producción de motores de turbinas alimentadas con gas.

Por medio de un acuerdo de coproducción con la compañía Aermacchi de Italia, Brasil ensambla un avión de combate relativamente simple, pero no por ello menos efectivo, el Xavante. EMBRAER también ha fabricado de manera autónoma un aeroplano ligero de transporte llamado Bandeirante, que tiene sus versiones militar y comercial y está provisto de motores canadienses Pratt y Whitney. Uno de los objetivos más caros de la empresa aeronáutica estatal es producir el avión STOL (Short Take-Off and Landing), provisto de turbopropulsores o motores de jet, capaz de transportar tropas y personal civil. La asociación entre EMBRAER y Aermacchi fructifica en el desarrollo y manufactura conjunta de un nuevo avión ligero de ataque, impulsado por turbinas de Rolls Royce y General Electric.

Todos los aviones mencionados arriba están destinados al uso doméstico y también a la exportación. La Fuerza Aérea Brasileña (FAB) ha comprado numerosos Xavantes y Bandeirantes, mientras que varios países latinoamericanos y africanos han mostrado predilección por los últimos en su versión comercial.

EMBRAER, con ventas estimadas en 171 millones de dólares en 1978, ya es la sexta compañía de aviación más grande del mundo,[30] logro bastante importante si consideramos que es una empresa nueva que se enfrenta a la competencia de firmas aeronáuticas con mayor experiencia en la comercialización de los aparatos.

La armada brasileña es el servicio más vulnerable a la suspensión de la ayuda militar norteamericana, puesto que opera con un pequeño número de unidades costosas y complejas en las que es muy difícil incrementar la cantidad de componentes producidos en territorio nacional. Sin embargo, la diversificación que está en marcha con la compra cada vez mayor de partes en Europa Occiden-

---

[30] "Brazil, a major contender in the arms business", en *Business Week*, núm. 14115, julio 31, 1978, pp. 45-46.

tal ha reducido los efectos de la suspensión de la ayuda de los Estados Unidos. Además, Brasil está requiriendo en forma incrementada la coproducción local de sus compras de nuevos barcos. De las fragatas ordenadas a la compañía británica Vosper Thornycroft Ltd., dos acaban de ser coproducidas bajo licencia en los astilleros de Río de Janeiro. Brasil planea ensamblar submarinos en un futuro próximo y una compañía mixta formada con una empresa británica produce minicomputadoras para el control de los armamentos navales.

En el área de la construcción de proyectiles, Brasil ha adquirido derechos para ensamblar el cohete antitanque Cobra, de Alemania Occidental y para producir el proyectil tierra-aire Roland, de un consorcio franco-alemán, además de proyectiles conexos para instalarse en las fragatas británicas del tipo Niteroti de lucha antisubmarina. También son dignos de mención los misiles Matra-Oto Melara y los tierra-aire instalados en carros blindados Marder, de fabricación alemana. Dentro del Brasil se experimenta actualmente con el diseño y prueba de los vehículos-cohete que pueden transportar una carga útil de 110 libras a una altitud de 500 km, además de los cohetes X-40 y X-20 con un alcance de 40 y 20 kilómetros respectivamente para destruir blancos en tierra.[31] Los Sonda II, usados para estudios meteorológicos, interesan a Taiwán como proyectil balístico y el Sonda IV satisface una etapa en el lanzamiento de satélites para las comunicaciones, lo que permite concluir que Brasil ha transitado un importante trecho en la fabricación de equipo que anteriormente era de la exclusividad de los países industriales.

[31] Los datos más importantes de esta parte fueron tomados del excelente trabajo de David Ronfeldt y Caesar Sereseres, "U. S. arms transfers, diplomacy and security in Latin America and beyond" (mimeografiado), octubre de 1977, pp. 13-19. Sobre la cuestión del desarrollo de la industria militar y aeronáutica brasileña también se recomienda el ensayo de Gregorio Selser "El Pentágono impone las reglas del juego", en *Nueva Política*, vol. II, núms. 5-6, abril-septiembre de 1977, pp. 293-316.

Los progresos del Brasil en la producción y coproducción de armamento despiertan inquietudes en los sectores gobernantes de los Estados Unidos, por invadir de alguna manera su política de seguridad en la zona sudamericana y africana, además de que puede representar una competencia más o menos seria en el mercado norteamericano de material de guerra en esas áreas. Vale mencionar como ejemplo que las restricciones que Washington impuso recientemnete a la venta de armas a Chile condujeron a que Pinochet comprara equipo ligero para uso del ejército a Brasilia, como primer paso para relaciones comerciales-militares de mayor envergadura en el futuro.

Aunque Brasil empezó a exportar armas en una fecha tan reciente como lo es 1975, los observadores estiman que para 1980 la venta anual de material y equipo para uso bélico ascenderá a 500 millones de dólares —igual a las exportaciones militares de Francia y Gran Bretaña a principios de la década de 1970. Una de las razones del atractivo del material brasileño para muchos países del tercer mundo es que en cierto modo su adquisición no plantea cuestiones de alineamiento como podría pensarse en el caso de compras a los soviéticos y norteamericanos.[32] La consecuencia más importante del desarrollo de la producción bélica brasileña para uso local y externo es que con ella Brasil refuerza su posición política y económica en Sudamérica y África negra, además de permitirle ejercer una influencia creciente en los mercados mundiales de armamento.

RELACIONES BRASIL-ESTADOS UNIDOS

Los militares en el poder pusieron en marcha una nueva orientación en su política exterior, fincada en el principio de la interdependencia continental. Este concepto,

---

[32] Un analista brasileño citado por la revista *Business Week* refiere que "Brasil tiene una tremenda ventaja en el tercer

elaborado en la Escuela Superior de Guerra, partía de la base de que Brasil, por razones geopolíticas ineludibles, estaba vinculado necesariamente al esquema de la seguridad norteamericana y al circuito imperialista. Castelo Branco expresó con precisión el nuevo derrotero que tomarían las relaciones del Brasil con los Estados Unidos:

En relación a Estados Unidos de América, la política exterior brasileña modificó antes que nada la inadmisible doctrina de posiciones y postulados ambiguos. Tenemos la convicción de que Brasil y la gran nación norteamericana cruzan sus intereses económicos y comerciales en el plano de una política digna y de una amistad recíproca. Las características de la actual situación del Brasil coinciden con los anhelos de paz del continente y, también, con los fundamentos de la seguridad colectiva, responsabilidad de los Estados Unidos.[33]

Castelo Branco tomó medidas de inmediato para hacer elocuente el deseo de su gobierno de luchar brazo con brazo al lado de los Estados Unidos contra el "comunismo internacional". Castelo mandó arrestar a los miembros de una misión de China Popular y expulsar a un diplomático checo, acusándolos de dedicarse a actividades de espionaje. En mayo de 1964 Brasil rompió relaciones con Cuba por "intervenir en sus asuntos internos", y en julio del mismo año se unió a los gobier-

mundo porque su equipo es menos sofisticado que el usado en Medio Oriente. Y además las ventas brasileñas no conllevan compromisos ideológicos de ningún tipo, mientras que un país que compra a los Estados Unidos o a la Unión Soviética se alinea automáticamente con una u otra potencia Además, los productos brasileños son económicos y de buena calidad." Véase "Brazil: a major contender in the arms business", *op. cit.*, p. 45.

[33] Discurso del 31 de julio de 1964 a los candidatos aprobados por concurso a iniciar la carrera diplomática. *A política externa da revolução brasileira*, Ministério das Relações Exteriores, 1966, citado por Lafer, Celso, "La interpretación del sistema de las relaciones internacionales del Brasil", en *Foro Internacional*, revista trimestral publicada por El Colegio de México, IX, 3, 35, enero-marzo de 1969, p. 314.

nos de otras catorce naciones hemisféricas que pedían la aplicación de sanciones comerciales y diplomáticas a la isla del Caribe.[34]

Posteriormente, en ocasión de la insurrección popular que tuvo lugar en la República Dominicana en 1965, algunos estados latinoamericanos, con el apoyo de los Estados Unidos, decidieron crear una fuerza militar conjunta, la Fuerza Interamericana de Paz (FIP), en el marco de la OEA. Brasil se convirtió en el promotor más entusiasta de un ejército intervencionista que aplastara la rebelión e impusiera un gobierno acorde a las necesidades de la doctrina de la interdependencia y la seguridad hemisférica. El ministro del Exterior, Juracy Magalhães, con un fervor digno de mejor causa, visitó varios países sudamericanos con el propósito de lograr adhesiones para formar la fuerza mencionada.

Así, el 6 de mayo de 1965 los gobernantes de trece países latinoamericanos aprobaron la formación de una fuerza militar conjunta que tuviera como propósito "restaurar la paz y la democracia en la República Dominicana". Esos países fueron Argentina, Bolivia, Brasil, Colombia, Costa Rica, República Dominicana, El Salvador, Guatemala, Haití, Honduras, Nicaragua, Paraguay, Panamá y los Estados Unidos. Chile, Ecuador, México, Perú y Uruguay votaron en contra, mientras que Venezuela se abstuvo.

En seguida, entre los países que aprobaron esa proposición, siete enviaron efectivos militares, aunque simbólicos, para formar la FIP: Brasil (el comandante supremo del ejército era brasileño), Costa Rica, Honduras, Paraguay, El Salvador, Nicaragua y Estados Unidos. Toda esta participación era posterior a la decisión del presidente Johnson adoptada el 28 de abril de 1965, que autorizaba el desembarco de *U. S. Marines* en Santo Domingo.[35] Como justificación al envío de las tropas

---

[34] Stuart, *op. cit.*, p. 711.
[35] **Ianni,** Octavio, *Sociología del imperialismo*, México, Sep-Setentas, 1974, p. 84.

brasileñas que integraban la FIP, el presidente Castelo Branco lanzó la doctrina de las fronteras ideológicas y esclareció que la decisión adoptada implicaba el ensanchamiento del concepto del área de defensa brasileña, de tal modo que también el Caribe se incluía en tal extensión.[36]

La convergencia de las posiciones ideológicas de los militares brasileños y del gobierno norteamericano tiene su más remoto antecedente en la participación del Brasil en la segunda guerra mundial. La Fuerza Expedicionaria Brasileña (FEB), que participó en la campaña de Italia al lado de los Estados Unidos, estaba comandada por oficiales que posteriormente fundarían la Escuela Superior de Guerra. El contacto del ejército brasileño con el norteamericano en el conflicto bélico contribuyó a la creación de ideas que serían importantes a partir del golpe de 1964: el alto valor asignado a la interdependencia en asuntos de política exterior; la creencia de que Brasil podía beneficiarse a través de una más estrecha relación con los Estados Unidos; la idea de que el capitalismo contribuía a forjar naciones poderosas; la convicción de que la democracia liberal "depurada" constituía un estilo superior de política, entre otras.[37] La uniformidad de ideologías también se vio favorecida por el hecho de que una misión norteamericana de asesoramiento, que permaneció en Brasil desde 1948 hasta 1960, ayudó a formar la Escuela Superior de Guerra. Finalmente, huelga decir que la participación de casi el 30% de los generales de línea brasileños en servicio activo hacia enero de 1964, al igual que un número no precisado de oficiales de menor rango, había obtenido algún grado de capacitación en la Escuela y Centro Especial de Guerra de Estados Unidos en Fort Bragg, North Carolina, en la Escuela Militar de las Américas en la Zona del Canal, por mencionar a las más importantes instituciones militares norteamericanas de-

---

[36] *Folha de São Paulo,* 22 de mayo de 1965, citado por Martins, *op. cit.,* p. 31.
[37] Stepan, *op. cit.,* pp. 285-286.

dicadas a propagar las doctrinas y las tácticas de la contrainsurgencia.[38]

Las inversiones extranjeras, como lo apuntamos en otra parte del trabajo, eran uno de los elementos que desempeñaba papeles claves en el nuevo modelo de desarrollo. El gobierno de Castelo Branco, a fin de hacer regresar a los capitales norteamericanos que habían huido del Brasil en el período populista y de atraer nuevos, firmó una ley en agosto de 1964 que modificaba el régimen de envíos de beneficios procedentes de las inversiones foráneas al exterior, que había estado en vigor en la época pasada. El primer cambio significativo fue el levantamiento del límite anual del 10% a la exportación de utilidades derivadas del capital extranjero; el segundo cambio fue una enmienda que permitía que los beneficios reinvertidos no enviados al exterior fueran considerados como incremento de capital de la empresa. Como complemento de estas medidas, Brasil firmó un programa de garantía de inversiones en los Estados Unidos, que daba a los capitalistas norteamericanos protección contra expropiaciones, inconvertibilidad de moneda y otros riesgos.[39]

Washington asistió de inmediato al nuevo régimen militar. Con ligeros altibajos la ayuda norteamericana al Brasil se ha mantenido constante y ocupa el primer lugar en América Latina. En términos generales, la asistencia financiera procedente de Estados Unidos ha perseguido tres objetivos principales: *1]* ayudar a sostener al régimen militar en el poder; *2]* fortalecer la posición del Brasil en el escenario sudamericano; y, *3]* apoyar actividades de empresas norteamericanas a través de "ataduras" de créditos. Los primeros objetivos están íntimamente relacionados con finalidades estratégicas de los Estados Unidos en el cono sur.[40]

[38] *Ibid.*, p. 157.
[39] *New York Times*, 13 de febrero de 1965.
[40] Nos dice Stepan: "En el caso de los Estados Unidos, las vastas dimensiones del territorio brasileño contribuyeron a solidificar una relación en que se combinaban elementos de atrac-

El panorama de la ayuda norteamericana a Brasil en el período 1962-1972 aparecía del siguiente modo:

CUADRO 2
AYUDA EXTERNA A BRASIL 1966-1971
(en millones de dólares)

Agencia	1966	1967	1968	1969	1970	1971	Total
Agencia para el Desarrollo Internacional	243.7	214.9	193.8	12.4	88.0	79.4	832.2
PL 480 (Alimentos para la Paz)	79.1	21.6	82.9	10.4	62.4	40.6	234.1
Ayuda militar norteamericana	28.9	32.1	36.6	0.8	0.9	12.2	111.5
EXIMBANK	16.9	30.0	50.8	27.9	65.6	74.0	265.2
Banco Mundial	49.0	100.6	61.9	74.9	205.0	160.4	651.8
Corporación Financiera Internacional	11.0	10.7	...	9.4	8.4	10.9	50.4
Banco Interamericano de Desarrollo	87.3	125.7	76.9	99.8	160.6	119.9	670.2

FUENTE: U. S. Agency for International Development, U. S. Overseas Loans and Grants, 1 de julio de 1945 al 30 de junio de 1971, Washington, D. C., 1972.

A partir de 1964 se reasumieron los programas de ayuda norteamericana a Brasil en gran escala. Los Esta-

ción con el temor. Dicho temor, especialmente pronunciado y expresado con frecuencia durante el período 1961-1964, se basaba en que, al limitar Brasil con todas las naciones sudamericanas, con la sola excepción de Chile y Ecuador, un Brasil 'pro-comunista' podría convertirse en santuario y campo de preparación de la guerrilla en toda América del Sur. Dicha posición estratégica de Brasil incidió posteriormente a favor del aumento considerable de ayuda al gobierno militar brasileño, ya que dicha nación podría desempeñar, en esencia, una función hegemónica anticomunista para Estados Unidos en América del Sur." Stepan, *op. cit.*, p. 156.

dos Unidos no perdieron tiempo en demostrar su apoyo al nuevo régimen militar en dólares y centavos: en los dos meses que siguieron al golpe la Agencia para el Desarrollo Internacional (AID) proporcionó un préstamo por 50 millones de dólares. Posteriormente, en diciembre del mismo año, la mencionada agencia hizo un préstamo por 150 millones de dólares y el EXIMBANK, el Fondo Monetario Internacional (FMI) y el Banco Mundial volvieron a operar con el gobierno brasileño.

Nótese en el cuadro 2, que desde 1969 empiezan a descender los préstamos de la AID. Ello se debió, entre otras cosas, al disgusto de la opinión pública y del congreso norteamericano ante la creciente represión, al incremento de la actividad guerrillera, al uso generalizado de la tortura por los militares, a la recuperación de la economía brasileña, a los problemas que ofrecía el congreso norteamericano en materia de ayuda en general, y a los intereses de las agencias estadunidenses que buscaban ampliar su participación en Brasil.[41] En contraste con el descenso de la actuación de la AID, otras agencias hicieron sentir su presencia cada vez más. Hacia 1972, por ejemplo, Brasil superó al Japón como el mayor deudor del EXIMBANK y del Banco Mundial. Los préstamos de esta institución en el año fiscal 1972 totalizó los 437 millones de dólares, es decir, el 45% de los 956 millones que prestó a toda América Latina.[42] Este cambio que se da de la bilateralidad a la multilateralidad en los préstamos internacionales al gobierno brasileño consiguió disminuir la imagen de complicidad de Washington con las medidas represivas de los militares de Brasilia.

[41] Poco después de la puesta en vigor de la Quinta Acta Institucional, el 14 de diciembre de 1968, Washington puso "bajo revisión" (equivalente a suspensión), un préstamo por 188 millones de dólares ya autorizados, así como las negociaciones de nuevos préstamos. Bell, *op. cit.*, p. 98.

[42] "Foreign aid to Brazil: priming the pump and waiting for the trickle-down", en *NACLA's Latin America & Empire Report*, vol. VII, núm. 4, abril de 1973, p. 16.

Las relaciones entre el gobierno norteamericano y Castelo Branco se pueden calificar de excelentes, gracias a la intermediación del embajador de Washington, Lincoln Gordon, que en más de una ocasión defendió la política de apoyo al presidente brasileño con el argumento de que al asegurar su mantenimiento se impedía que la "línea dura" castrense, partidaria de la dictadura militar abierta llegase al poder.[43] El sucesor de Gordon, John C. Tuthill, quien fue embajador norteamericano de 1966 a 1969, no compartía con aquél su interés profundo por Brasil. Tuthill consideraba que los Estados Unidos "habían tenido un papel operacional demasiado amplio en Brasil", particularmente en lo que respecta al programa de ayuda. Por otro lado, el nuevo embajador tenía la impresión de que Costa e Silva, al contrario de Castelo Branco, se mantenía relativamente independiente de los Estados Unidos.

La evidencia de esta idea es el rechazo brasileño a aceptar cualquier forma de limitación internacional al futuro desarrollo del potencial nuclear del Brasil, la cuestión del café soluble[44] y el problema de los fletes marítimos,[45] entre otros. Después de algunas fricciones con el

---

[43] Bell, *op. cit.*, p. 96.

[44] Las divergencias en este terreno fueron de doble índole. Por un lado, el congreso norteamericano, con el fin de bajar el precio del café, amenazó con no reconocer el nuevo Acuerdo Internacional del Café si los países productores no aumentaban sus cuotas de exportación. Por otro lado, estaban las presiones del gobierno de los Estados Unidos al del Brasil para que aumentara los recargos a la exportación del café soluble brasileño dirigido al mercado norteamericano. Schilling, Paulo, "Brasil bajo la inspección imperial", en *Marcha,* 9 de enero de 1970, núm. 1491, p. 21.

[45] En la balanza de pagos brasileña los pagos de fletes de exportación e importación representan, después del envío de utilidades al exterior por las compañías foráneas, rendimientos y *royalties,* el ítem negativo mayor. En un intento de controlar una sangría de divisas que ascendía a 600 millones de dólares anuales, Brasil siguió una política nacionalista de fletes. Brasil negoció con sus clientes allende el mar, buscando asegurar a los barcos brasileños una participación del 50% en los fletes de

gobierno brasileño, el embajador Tuthill recomendó la reducción del número de programas de cooperación y la concentración de los recursos financieros en los restantes. Asimismo, recomendó que disminuyera el personal de la embajada norteamericana en Brasilia en un 20-40%.[46]

Las relaciones del Brasil con los Estados Unidos en el período de Garrastazú, aunque estrechas y cordiales, se vieron en tensión a propósito del Acuerdo Mundial del Café, del problema de la extensión de las 200 millas de mar territorial y de la continuación de la política nuclear emprendida por Costa e Silva.

En marzo de 1970, Brasil, siguiendo la orientación propuesta por Perú y adoptada por otros siete países latinoamericanos, modificó el límite de su mar territorial de 12 a 200 millas. La decisión obedeció al creciente interés del gobierno brasileño en las posibles reservas petroleras en la plataforma continental, así como a su preocupación por proteger la industria pesquera nacional en expansión.[47] Con posterioridad al decreto del presidente Garrastazú, se reglamentó el asunto y se determinó que en las primeras cien millas adyacentes a la costa estuvieran totalmente prohibidas las actividades pesqueras de los buques extranjeros. En la zona comprendida entre las cien y las doscientas millas los pesqueros de otros países podrían llevar a cabo su actividad, mediante el pago de 200 dólares de registro de la embarcación y 20 dólares por tonelada de pesca decla-

importación y exportación. Después de una serie de escaramuzas se celebraron acuerdos con los países más importantes de Europa. No sucedió lo mismo con los Estados Unidos. Debido a las presiones y al prestigio de la Compañía Moore McCormick (que detentaba prácticamente el monopolio de fletes Brasil-Estados Unidos, Estados Unidos-Brasil), la situación se tornó tensa. La tensión aumentó con las amenazas de los sindicatos de obreros marítimos y portuarios norteamericanos de sabotear el desembarco de barcos brasileños en puertos de Estados Unidos. *Ibid.*, p. 21.

[46] *New York Times*, 26 de noviembre de 1966.
[47] *New York Times*, 26 de marzo de 1970.

rada.[48] La reacción norteamericana fue inmediata. El secretario de Estado, Meyer, manifestó: "...nosotros hemos expresado nuestra opinión al Brasil de que la puesta en vigor de tales regulaciones podrían conducir a una seria y desafortunada confrontación con los Estados Unidos". La Cámara de Representantes, por su parte, pasó una resolución que aplazaba sin fecha la aprobación del Acuerdo Internacional del Café como represalia por la decisión del Brasil de extender sus aguas territoriales. Sin embargo, después de varios tira y afloja entre los gobiernos brasileño y norteamericano, la Cámara de Representantes acabó por extender el Acuerdo Internacional del Café del 1 de julio de 1971 al 30 de septiembre de 1973.[49]

En lo que toca a la política nuclear, el presidente Garrastazú fue muy claro:

La nación brasileña está empeñada en la tarea de dar el gran salto tecnológico, sin el cual no será posible acelerar el ritmo de su desarrollo. Por esa razón, el Brasil quiere tener manos libres en todos los sectores de la investigación científica y de la aplicación pacífica de las nuevas e ilimitadas fuentes de energía. Y rechaza comprometer su futuro atándose a esquemas internacionales en los que le son negados derechos y prerrogativas, que se pretende sigan siendo privilegios de algunos.[50]

El presidente Garrastazú visitó Washington en diciembre de 1971 para conferenciar con el mandatario Richard Nixon. El propósito de la reunión de los dos jefes de estado fue fortalecer los lazos comerciales y diplomáticos entre sus países respectivos. El gobierno brasileño fue el

[48] Schilling, Paulo, "Brasil: la rebelión de los cipayos", en *Marcha*, 16 de julio de 1971, núm. 1552, p. 21.
[49] Stuart, *op. cit.*, p. 717.
[50] Declaración del presidente Garrastazú Médici en Palacio Itamaraty, el 20 de abril de 1970, en *Documentos de política externa (del 31 de outubro de 1969 a 21 de dezembro de 1970)*, vol. IV, Brasilia, Ministério das Relações Exteriores, Divisão de Documentação, Seçao de Publicaçoes, 1972, p. 76.

único de América Latina en ser incluido en la agenda de las juntas cumbres de Nixon, que se interpretó como el reconocimiento tácito del Brasil como "gran potencia" en el hemisferio occidental. El presidente Nixon le expresó a Garrastazu durante una cena en la Casa Blanca:

Como usted sabe debo emprender un viaje a Pekín y otro a la Unión Soviética. Pero antes considero muy importante discutir con nuestros mejores amigos, por lo menos con las grandes naciones amigas. Las consultas que estoy haciendo con naciones de Europa, con el Japón, con Canadá y ahora con Brasil —el mayor país de América Latina— hacen parte de un plan. Su presencia en nuestro país proporcionará la tan esperada oportunidad de discutir las visitas que haré y también discutir otras cuestiones importantes para nuestros pueblos. Espero también su opinión respecto a las relaciones hemisféricas...[51]

Hasta 1972, las relaciones económicas entre Brasil y los Estados Unidos se encontraban en excelentes condiciones. El comercio norteamericano con Brasil excedía los 2 mil millones de dólares, y los Estados Unidos mantenían su posición como el mercado principal para los productos brasileños, y como el principal proveedor de importaciones del Brasil. Dentro de un total de cerca de 4.2 mil millones de dólares de inversiones extranjeras, los Estados Unidos proporcionaron cerca del 40%. La asistencia bilateral norteamericana declinó 9.4 millones de dólares, mientras que la multilateral aumentaba paralelamente. La asistencia militar se expandió cuando el presidente Nixon autorizó la venta de aeroplanos supersónicos F-5E al Brasil, después de varios años de solicitud por el gobierno brasileño.[52]

El año 1973 marca el principio de una nueva etapa en las relaciones brasileño-norteamericanas al emerger a la superficie varias tendencias incubadas en el seno mismo del llamado "milagro económico", gracias a los efectos catalizadores de la crisis energética.

[51] Citado en Schilling, Paulo, "Brasil: una gran potencia", en *Marcha*, núm. 1576, 30 de diciembre de 1971, p. 9.
[52] *New York Times*, 10 de junio de 1973.

Debemos mencionar en primer lugar que el éxito logrado por Brasil en su política de diversificación económica trajo como consecuencia un debilitamiento de los vínculos comerciales y financieros con los Estados Unidos, en favor de una relación más estrecha con Alemania Federal y Japón. La expansión acelerada del comercio mundial y la agresiva promoción oficial de las exportaciones brasileñas se combinaron a fines de la década de 1960 y principios de la de 1970, para estimular un asombroso crecimiento de las ventas foráneas: entre 1968 y 1973 hubo un incremento anual del 27% en el renglón de las exportaciones a diversas partes del mundo. En estas condiciones, el fin de la posición dominante de los Estados Unidos como mercado de las ventas del Brasil era cuestión de tiempo.

El crecimiento exportador, a su vez, también contribuyó a transformar el modelo económico, con el concurso apreciable de circunstancias externas. La recesión en los países industrializados hizo que grandes sumas de capital disponible en el mercado del eurodólar se dirigieran en forma de préstamos bancarios a Brasil, que gozaba de estabilidad política y económica, así como de una capacidad de pago apoyada en su éxito comercial. El acceso al capital foráneo aseguró inversiones y tasas de crecimiento mucho mayores a las esperadas y fue un estímulo a la participación estatal en la economía puesto que las empresas oficiales tenían ventajas en la competencia por los fondos provenientes del exterior.

Este modelo de crecimiento sustentado en la deuda externa, con tasas anuales de crecimiento que rebasaban el 10%, alteró las bases de las relaciones económicas entre Brasil y los Estados Unidos. La asistencia oficial bilateral se hizo irrelevante cuando billones de dólares en recursos privados estaban disponibles y cuando los préstamos del Banco Mundial y del Banco Interamericano de Desarrollo se incrementaban día con día. Brasil se hizo campo propicio para las inversiones de ultramar, de la preferencia de multinacionales con base alemana y japonesa. Las estadísticas del comercio exterior reflejaban importaciones crecientes de Alemania Federal y Japón, mientras que registraban un aumento de exportaciones competitivas de productos manufacturados a los Estados Unidos.

La crisis de 1973 en el campo energético fue otro factor que precipitó la búsqueda de soluciones dentro de un margen mayor de maniobra frente a los Estados Unidos por Brasilia.

El ascenso de los precios del petróleo marcaron el fin de la hegemonía económica norteamericana en la posguerra. El rápido crecimiento de Japón y Europa y la cada vez más grave debilidad de la balanza de pagos norteamericana en la década de 1960 hicieron la primera señal; el Acuerdo Smithsoniano que devaluó el dólar en 1971, y su repetición a principios de 1973, exhibieron la seriedad de los apuros norteamericanos. La crisis petrolera, y la consecuente transferencia masiva de recursos a los países de la OPEP, contribuyeron a una recesión global y dramatizaron la capacidad limitada de los Estados Unidos para enfrentar una nueva y más demandante interdependencia.

El poder declinante de los Estados Unidos coincidió con una mayor vulnerabilidad del Brasil. La cuadruplicación de los precios del petróleo expuso lastimeramente la fragilidad del modelo brasileño de economía abierta: se agregaron tres billones de dólares a la cuenta de importaciones mientras que las exportaciones encontraron una demanda reducida. Una deuda externa mayor podría resolver los problemas de corto plazo, pero difícilmente sería una solución fuera de este lapso, por lo que se impuso la búsqueda de medidas más eficaces y permanentes. Este paso empujó a Brasil hacia una mayor interdependencia de los Estados Unidos. Dos imperativos dominaron en adelante la política externa brasileña: garantizar fuentes adecuadas y seguras de energía diferentes al petróleo, así como conseguir mercados crecientes para las exportaciones brasileñas. En los afanes por lograr estos objetivos, como lo veremos adelante con detalle, Washington emergió más como antagonista que como aliado.

El sucesor de Garrastazú Médici, general Ernesto Geisel, puso en marcha un estilo de política exterior que él mismo definió como "pragmatismo responsable":

> Tenemos que adaptarnos forzosamente a un pragmatismo responsable y consciente; impulsaremos la acción diplomática para que detecte las nuevas oportunidades y se ponga al servicio de los intereses de nuestro comercio exterior, de la garantía del suministro adecuado de materias primas y productos esenciales y de acceso a la tecnología más adecuada, de la que no disponemos todavía, haciendo para ello las opciones y realineaciones indispensables.[53]

Las acciones del "pragmatismo responsable" marcaron una nueva etapa en la política exterior de los militares brasileños, caracterizada por una relativa independencia mayor respecto a los Estados Unidos. Brasil abandonó, por ejemplo, la intransigencia absoluta hacia Cuba, cuando se admitió que el presidente mexicano en su visita a Brasilia incluyera en su discurso la referencia al fin del bloqueo económico a la isla del Caribe. Simultáneamente a ello, el gobierno brasileño, en su política de expansión del comercio exterior, inició una mejora en sus relaciones con el este europeo y con la República Popular China. Por otro lado, Brasil mostró su apoyo a la independencia de las colonias portuguesas en África y a la retirada israelí de los territorios árabes conquistados en la guerra.

Brasilia empezó a adoptar posiciones contrarias a las de los Estados Unidos en el ámbito internacional, como cuando votó en las Naciones Unidas contra el sionismo o cuando, en un arranque de audacia, reconoció tempranamente al gobierno del Movimiento Popular de Liberación de Angola (MPLA), con el pretexto de que su

---

[53] Prieto, Daniel, "Brasil: potencia emergente", en *Visión: la revista interamericana*, vol 47, núm. 4, 1º de agosto de 1976, p. 9.

finalidad era neutralizar la influencia de la Unión Soviética y de Cuba ante el gobierno angoleño. Todo esto ha tenido que ser aceptado por los Estados Unidos. El embajador norteamericano en Brasil, John H. Crimmins, expresó: "como todos no cesan de repetir, la era de las ideologías ya pasó. El Brasil hace muy bien en tratar de definir y perseguir sus intereses específicos".[54]

Mención aparte merece el hecho de que la política nuclear de Geisel inquietó al gobierno norteamericano y levantó fuertes protestas en el congreso de los Estados Unidos. En 1971 la Compañía Brasileña de Tecnología Nuclear compró a la Westinghouse norteamericana la primera usina nuclear de uranio enriquecido, que sería instalada en Angra dos Reis. En julio de 1972, Brasil y los Estados Unidos firmaron un acuerdo que comprometía a estos últimos a vender una cantidad de poco más de doce toneladas de uranio enriquecido para el reactor de la central. Los norteamericanos se reservaban el derecho de fiscalizar todos los proyectos y el equipamiento del reactor y controlar todo lo referente a la utilización del plutonio producido. El acuerdo, por otra parte, no creaba ninguna reciprocidad en favor del personal brasileño para visitar las plantas norteamericanas que enriquecerían el uranio enviado por el Brasil a los Estados Unidos. Científicos del país del cono sur expresaron de inmediato que "no se conseguiría realmente transferir al país tecnología industrial atómica y el ciclo de combustible".[55] En julio de 1974 las cosas llegaron a su límite cuando el gobierno norteamericano informó a Brasilia que no podría garantizar el procesamiento del combustible nuclear, y puesto que la opción atómica figuraba en un sitio prominente en los planes brasileños para enfrentar la crisis energética, la decisión trajo gran disgusto e incertidumbre.

Brasilia reaccionó con decisión a los problemas con

[54] *Ibid.*, p. 10.
[55] "Argentina-Brasil: la puja del átomo", en *Informe Económico Latinoamericano*, núm. 5, marzo de 1975, año 1, pp. 19-147.

los Estados Unidos en materia nuclear: se dirigió de inmediato a Alemania Federal, y el 27 de junio de 1975, pese a la enérgica oposición del Departamento de Estado, temeroso de la proliferación nuclear, Brasil compró al país europeo todo un paquete atómico con un valor de 10 mil millones de dólares y que comprendía tres reactores, una usina de enriquecimiento de uranio, una fábrica de elementos combustibles y una usina de reaprovechamiento del combustible producido.[56] Con este paso, Brasil pretendía poner las bases de una industria nuclear nacional, que contara con 63 plantas nucleares para el año 2000.[57] Las protestas más airadas contra el acuerdo salieron del senado de los Estados Unidos, que criticó duramente a la República Federal Alemana por abrir la posibilidad de una proliferación "irresponsable" de armas atómicas en América Latina.[58]

Los objetivos inmediatos del programa nuclear han sido sin lugar a dudas resolver los problemas energéticos del Brasil derivados de la escasez de petróleo y de fuentes hidroeléctricas en el territorio nacional. Pero lo que inquieta a los Estados Unidos, desde el punto de vista mundial, así como a Argentina, desde el punto de vista del equilibrio de poder sudamericano, es que con

[56] Los detalles del acuerdo se encuentra en "Energía nuclear": uma forte nação pacífica", en *Veja: revista semanal de informações*, 2 de julio de 1975, pp. 22-23.

[57] Chandler, Bruce, "Brasil anunció que tendrá 63 centrales núcleo-eléctricas para el año 2000", en *Excelsior*, 11 de septiembre de 1975.

[58] El senador John Pastore, presidente de la comisión bicameral de energía atómica acusó a Bonn de "irresponsabilidad" al seguir adelante con la transacción, a pesar de las quejas del Departamento de Estado. Por otro lado comentó: "Si Latinoamérica se vuelve nuclear podemos tener un nuevo peligro, exactamente bajo el cinturón de los Estados Unidos. Alemania Federal debió habernos consultado... Éste es un peligro potencial, creado por un aliado nuestro en nuestro traspatio, por así decirlo, mientras al mismo tiempo el gobierno de los Estados Unidos está profundamente comprometido en el patio trasero de Alemania Federal, para defenderla de otro peligro." Declaración citada en *Excelsior*, 4 de junio de 1975.

este plan Brasil se hará de la tecnología suficiente para producir, sin ayuda de nadie, su propia bomba dentro de veinte años. Aun cuando el acuerdo nuclear entre Alemania Occidental y Brasil incluyó las garantías de la Agencia Internacional de Energía Atómica, es claro que ellas no pueden cubrir más que los materiales proporcionados por Alemania, y no tienen nada que ver con lo que Brasil haga ulteriormente con los equipos de su propia creación. El acuerdo es también importante por otras razones. Es un paso en la independencia diplomática de los aliados de los Estados Unidos que respondieron en forma resuelta a los trastornos de la economía mundial de los energéticos a mediados de la década de 1970. Es además la transferencia de tecnología nuclear más grande jamás hecha a un país en desarrollo. Este complejo acuerdo amenaza con establecer una nueva clase de rivalidad comercial para las ventas norteamericanas de reactores de potencias. En el caso de ser plenamente implementado en los siguientes quince años, daría a la industria nuclear alemana las ventas necesarias de exportación y los suministros de la materia prima. Finalmente, el trato satisfaría las ambiciones de Brasil y Alemania Federal por una mayor autosuficiencia en materia nuclear y contribuiría a la realización de los sueños brasileños de gran potencia.

Kissinger, en su visita a Brasil de febrero de 1976 dio el tratamiento de "potencia emergente" al país sudamericano. En Brasilia suscribió con el canciller Antonio Azeredo da Silveira el acuerdo político por medio del cual Washington se comprometía a efectuar consultas con Brasil antes de adoptar cualquier acción de importancia en el ámbito internacional. Para tal objeto se creó una comisión bilateral encargada de revisar los asuntos mundiales y de analizar los problemas relativos al comercio y a la transferencia de tecnología entre los dos países.[59] El proceso se completó con el establecimiento

[59] Dice el artículo 1 del "Memorándum de entendimiento Brasil-Estados Unidos relativo a consultas sobre asuntos de interés mutuo", firmado en Brasilia el 21 de febrero de 1976

de visitas regulares entre los cancilleres. Kissinger calificó a Brasil como "potencia emergente capaz de tomar sus propias decisiones" y le dio la bienvenida "a su justo papel de copartícipe del liderazgo internacional".[60] Éste, en respuesta a los ataques provenientes de sectores de la opinión pública de los Estados Unidos y de países hispanoamericanos por la concesión del estatus de potencia al Brasil, respondió:

Brasil es una potencia mundial emergente, con amplios y variados intereses y responsabilidades internacionales, y no en virtud de que nosotros le hayamos conferido ese rango, sino por la realidad lisa y llana que Brasil ha concretado. El Memorándum de entendimiento que firmé con el canciller brasileño, que establecía los procedimientos para la consulta

por Azeredo y Kissinger: "Los dos gobiernos realizarán normalmente consultas semestrales, sobre toda la gama de asuntos de política exterior, inclusive sobre cualquier cuestión específica que sea sugerida por cualquiera de las partes. Temas económicos, políticos, de seguridad, culturales, legales, educacionales y tecnológicos podrán ser discutidos en dichas consultas". *Resenha de política exterior do Brasil*, Brasilia, Ministério das Relações Exteriores, enero-marzo de 1976, año II, núm. VIII, p. 38. Cabe referir que el Memorándum de entendimiento y las alabanzas de Kissinger resultaron cargadas de demagogia, que se explica por el apuro norteamericano de mantener a Brasilia dentro de la esfera exclusiva de los Estados Unidos, sobre todo en lo que se refiere a la cuestión de la industria nuclear. El sonado Memorándum fue un instrumento ineficaz desde el principio por diferentes razones. La estructura de la comisión conjunta durante el período de Kissinger y después, evitaba toda comunicación efectiva entre los gobiernos. En principio, el Memorándum proporcionaría los medios para esquivar la burocracia; en la práctica, el gabinete norteamericano nunca mostró mayor interés y las responsabilidades fueron llevadas por funcionarios menores. La parte sustancial del acuerdo, que se refería a cuestiones económicas y tecnológicas, no podría funcionar, puesto que ni Silveira ni Kissinger hablaban por sus gobiernos en tales cuestiones. Otra deficiencia importante del mencionado Memorándum es que se dirigió más a formas de procedimiento que a la búsqueda de nuevas bases de acuerdo efectivo entre los dos países.

[60] Prieto, *op cit.*, p. 9.

entre nuestros dos países en cuestiones de común y sustancial interés, fue un mero reconocimiento de esa realidad.[61]

La llegada de James Carter a la presidencia de los Estados Unidos significó el agravamiento de las relaciones brasileño-norteamericanas a propósito del acuerdo nuclear con Alemania Federal y de la llamada política de los derechos humanos. Desde un primer momento, Washington tomó medidas para impedir la realización del acuerdo atómico, que incluyeron las visitas de los más altos funcionarios a Bonn y a Brasilia —en este último lugar se hicieron presentes el mismo Carter y su esposa en sendas visitas. Particularmente sensible para los brasileños fue la visita del vicepresidente Walter F. Mondale a Alemania Occidental para exponer al canciller Schmidt las objeciones norteamericanas al trato nuclear citado, sin antes haber existido una comunicación de alto nivel entre los gobernantes del Brasil y los Estados Unidos.

El presidente Carter siguió una política diferente hacia Brasil a la adoptada por sus antecesores Nixon y Ford; si bien mantendría el Memorándum de entendimiento de 1976 —papel muerto— y se daría un "estatus de consulta" al país sudamericano, Brasil no sería considerado por más tiempo el país "conductor" de América Latina.[62]

[61] *Ibid.*, p. 9.
[62] El secretario de Estado Asistente para Asuntos Interamericanos, Terence Todman, hizo saber durante su viaje por América del Sur del 8 al 17 de marzo de 1977, que la Administración Carter "no está en condiciones para aceptar la política de los gobiernos de Richard Nixon y Gerald Ford, de acuerdo a la cual Brasil es el país líder de América Latina y es el que señala el camino a seguir a las otras naciones del continente". La respuesta del ministro de Relaciones Exteriores, Azeredo fue inmediata: "cada país tiene su peso en la comunidad de naciones y Brasil no es la excepción. Los Estados Unidos es sin duda no sólo el líder de América, sino también de occidente. Tal vez esto hace más fácil a los Estados Unidos entender la importancia de otras naciones". Véase *Facts on File*, vol. 37, núm. 1908, 4 de junio de 1977, p. 414.

Los Estados Unidos aplicaron fuerte presión no sólo sobre Brasil, sino también sobre Alemania Federal, a quien Washington acusaba de tener la mayor parte de la responsabilidad en el problema. El canciller germano Helmut Schmidt respondió a las demandas de Mondale y Vance con una negativa terminante a retirarse de los acuerdos esenciales con Brasil. Frente a las cámaras de televisión, Schmidt afirmó el 21 de abril de 1977 que Alemania Occidental consideraba a las exportaciones de reactores como el futuro de la industria y que el gobierno de Bonn rechazaría las peticiones norteamericanas que detuvieran la venta de tecnología atómica a menos que todos los exportadores nucleares rivales aceptaran restricciones semejantes.[63]

Detrás de los argumentos norteamericanos contra la proliferación nuclear se escondían los objetivos comerciales de las grandes empresas atómicas norteamericanas —como la Westinghouse y la General Electric— que se sentían gravemente afectadas por la competencia alemana. Así, los cargos repetidos del periódico alemán *Die Zeit* en el sentido de que los Estados Unidos querían acabar con el acuerdo entre Bonn y Brasilia para asegurar los contratos brasileños para firmas norteamericanas, no se apartaban un ápice de la verdad.[64] Por otra parte, la opinión pública germana consideraba al acuerdo multimillonario con Brasil el futuro de la industria nuclear y la justificación de las enormes sumas gastadas por el gobierno en este campo.

Además, el sector empresarial se negaba a abandonar los jugosos contratos obtenidos por trescientas firmas alemanas en virtud de los acuerdos.

El respeto a los derechos humanos y la preferencia por la democracia constitucional, banderas permanentes del presidente Carter en su retórica latinoamericana, han tenido repercusiones sensibles en suelo brasileño. Las

[63] *Facts on File*, vol 37, núm. 1904, 7 de mayo de 1977, p. 344.
[64] *Facts on File*, vol 37, núm. 1901, 16 de abril de 1977, p. 268.

dificultades brasileño-norteamericanas derivadas de la búsqueda de independencia de Brasilia para resolver el alud de problemas económicos y energéticos que desató la crisis de los precios del petróleo en 1973, se combinaron con el deseo de los Estados Unidos de legitimar en la mayor medida posible el ejercicio del poder por los militares, a través de la instauración de un sistema relativamente abierto de participación, una amplia amnistía para los enemigos del régimen y el fin de las masacres masivas, desapariciones, prisiones ilegales, torturas, exilios y demás sutilezas como recursos cotidianos para controlar la oposición. Aunque las insinuaciones norteamericanas acabaron por ser aceptadas por el estado brasileño a la larga, hubo un período de ajuste preñado de conflictos.

El momento más álgido en las relaciones entre Brasil y los Estados Unidos se dio a propósito del condicionamiento norteamericano de ayuda militar al respeto a los derechos humanos, que culminó con el rompimiento del tratado de asistencia militar firmado entre los dos países en 1952. El Ministerio de Relaciones Exteriores brasileño emitió una declaración el 5 de marzo de 1977 en la que se expresaba el rechazo a "toda asistencia de naturaleza militar que dependa, directa o indirectamente, de investigaciones previas de gobiernos extranjeros en materias que, por su esencia, son de la competencia exclusiva del gobierno brasileño".[65] Dicha declaración acusaba que un informe de la administración de Carter sobre la situación de los derechos humanos en Brasil contenía "juicios y comentarios tendenciosos e inaceptables". El Departamento de Estado había preparado un informe sobre Brasil que hacía notar que en este país "habían ocurrido casos de detención y arresto arbitrarios" y que "los prisioneros políticos carecían de la garantía de audiencia ante tribunales imparciales". Se destacaba también que el uso de decretos-leyes había

---

[65] *Facts on File*, vol. 37, núm. 1896, 12 de marzo de 1977, p. 167.

diluido las salvaguardas legales contra los atropellos de derechos y que la tortura de los prisioneros políticos era una práctica común en los centros militares de detención.[66] Días después el gobierno brasileño anunció que cancelaba su tratado de ayuda con los Estados Unidos "a causa de la introducción de modificaciones en la legislación norteamericana que cambia las condiciones de la cooperación militar entre los dos países". La administración había sido requerida por ley a someter el informe al congreso junto con la petición de más de 55 millones de dólares de ayuda militar al Brasil. Bajo el tratado de ayuda militar aludido, los Estados Unidos proveyeron durante veinticinco años de créditos al Brasil para la compra del equipo militar norteamericano, así como de entrenamiento a cientos de oficiales brasileños en las escuelas de contrainsurgencia con base en diferentes puntos de Norteamérica.

El rechazo a la ayuda norteamericana debe ser considerado más bien simbólico, si tomamos en cuenta que el ejército del Brasil, el más grande de América Latina, era cada vez menos dependiente de la asistencia de los Estados Unidos conforme se desarrollaba el complejo industrial-militar del país sudamericano, tema que se estudia en una parte anterior de nuestro trabajo.

RELACIONES BRASIL-PAÍSES SUDAMERICANOS

Bolivia ha sido objeto de los deseos expansionistas de algunos de sus vecinos, particularmente del Brasil, por sus riquezas naturales y por su posición de *heartland* geopolítico de Sudamérica desde el siglo pasado. Ya en 1867, en virtud del tratado de límites con Brasil, Bolivia perdió alrededor de 251 000 kilómetros cuadrados; más tarde, en 1899, los brasileños formaron la República del Acre en el territorio boliviano del mismo nombre,

[66] *Facts on File,* vol. 37, núm. 1897, 19 de marzo de 1977, pp. 187-188.

y consiguieron su separación y su adhesión al vecino país, de tal manera que Bolivia perdió otros 300 000 kilómetros cuadrados.

La presencia del general Juan José Torres en el gobierno de La Paz, por sus tendencias nacionalistas, fue motivo de inquietud en Brasil. Su caída era una imperiosa necesidad, y los brasileños no vacilaron en apoyarla material e ideológicamente, aliados a la burguesía de Santa Cruz de la Sierra, la provincia más rica de Bolivia. Fue en este lugar donde Bánzer dirigió la rebelión golpista, mientras que los regimientos brasileños se ubicaban en la frontera a fin de pasar armamento y ayudar a superar cualquier eventualidad desfavorable a los derechistas.[67] Según otros informes, los brasileños pensaban poner en marcha una serie de mecanismos, de índole no precisada, que permitieran el separatismo de Santa Cruz, en el caso de que fallara el golpe.[68]

Desde el punto de vista de los geopolíticos brasileños, el derrocamiento del general Torres representó una victoria de la "guerra ideológica preventiva",[69] y un paso

---

[67] El ex ministro de Defensa boliviano, general Roque Terán, confirmó la entrega de armas brasileñas a los derechistas: "El 19 de agosto, el mismo día que Bánzer propalaba su proclama insurreccional desde radio Santa Cruz, en esa ciudad, único centro en poder de los rebeldes, aterrizaba un *Globe Master* de la aviación militar brasileña. En los días siguientes, ocho aviones más llevaron a Santa Cruz y al aeropuerto de El Alto, quince mil fusiles, quinientas ametralladoras, bombas y municiones varias", citado en "Brasil, 'protector' de Bolivia", en *Marcha*, 16 de octubre de 1970, núm. 1515. Para nadie fue secreto que la Fuera Aérea brasileña transportó armas, asesores y tropas rebeldes bolivianas en abierto apoyo a los sediciosos. Aún más, desde días antes del golpe las sucursales del Banco do Brasil en La Paz y en Santa Cruz repartieron publicidad con consignas políticas favorables al movimiento rebelde. González Aguayo, Leopoldo, "Las zonas de influencia latinoamericana", publicado en *Cuadernos Americanos*, vol. CXCI, núm. 5, noviembre-diciembre de 1973, p. 127.

[68] *Ibid.*, p. 128.

[69] La "Doctrina del cerco" parte de la tendencia del proceso histórico de la presencia de regímenes hostiles en las fronte-

más en la "marcha al Pacífico" del Brasil,[70] así como una presión mayor sobre Chile entonces socialista.

Con Bánzer ya instalado en la presidencia de Bolivia, las relaciones entre su país y Brasil se incrementaron como nunca antes. De inmediato se creó la Cámara de Integración Brasil-Bolivia (CIBRAPOL), que aplicó veinte millones de dólares en diversos proyectos de cooperación. Una semana después del golpe, el Banco Agrícola de Bolivia recibía del Banco do Brasil un préstamo por cinco millones de dólares, destinado al fomento de la agricultura en Santa Cruz de la Sierra.[71]

El 4 de abril de 1972 se reunieron los presidentes

ras con Brasil. Y más temprano que tarde éste deberá enfrentarlos. Los enemigos no sólo podrán invadir el territorio brasileño con ejércitos, sino también con "ideas adversas" que llegarán antes que los ejércitos o que serán traídas en las puntas de sus bayonetas. Para adelantarse a estas "invasiones" Brasil debe adoptar la táctica de la guerra preventiva: "En la primera etapa la guerra preventiva deberá ser conducida por la cancillería; esto es, deberá impedir que las fuerzas enemigas ganen terreno (psico-social) en la frontera y al mismo tiempo asegurar a las fuerzas nacionales algún triunfo importante para la incorporación de poblaciones extranjeras al modo de pensar brasileño... Del éxito de esas misiones dependerá que la preparación militar propiamente dicha sea reactivada o que los planes militares sean archivados para otra oportunidad." Schilling, Paulo, "Brasil 'protector' de Bolivia", publicado en *Marcha*, 21 de abril de 1972, núm. 1589, pp. 10-11.

[70] Los planes expansionistas brasileños coinciden con un viejo sueño boliviano: la construcción del ferrocarril Cochabamba-Santa Cruz, que empalmaría con los sistemas que llevan a Santos, en el Atlántico, y a Arica, en el Pacífico.

[71] Funcionarios del Banco Novo Mundo de São Paulo, llegaron en febrero de 1972 a La Paz con el objeto de estudiar la posibilidad de instalar una sucursal en Bolivia. Sus directores conversaron con el presidente del Banco Central Boliviano, con el objeto de estudiar conjuntamente diversos proyectos industriales. Entre ellos figuraron la instalación de una fábrica de cerámica y una de aceite, un ingenio azucarero en el Alto Beni, el establecimiento de una fábrica de papel en Santa Cruz y el montaje de torres de televisión que cubrirían todo el territorio boliviano, Schilling, Paulo, "Brasil 'protector' de Bolivia", *op. cit.*, p. 11.

Bánzer y Garrastazú en Corumbá y Ladário, sobre la frontera brasileño-boliviana. El gobierno del Brasil presentó un plan consistente en un programa de vinculaciones camineras en las áreas tropicales de ambos países, un préstamo por cinco millones de dólares con este objeto, el compromiso de colaborar con ayuda técnica, y la proposición de crear complejos industriales de ambos países para la explotación de recursos naturales. El plan fue aceptado en su totalidad por la otra parte, y se apuntó en el convenio de manera sobresaliente.[72] La prensa oficialista brasileña aplaudió el encuentro Garrastazú-Bánzer como un "triunfo geopolítico" más para el Brasil.[73]

Dos años después, el 25 de mayo de 1974, se firmaron los llamados "Convenios de Cochabamba", en la ciudad boliviana del mismo nombre, que ratificaban los "acuer-

[72] Brasilia concedió un préstamo a Bolivia por cinco millones de dólares, destinado a la adquisición de equipo para la ejecución de proyectos viales. Se firmaron el convenio de constitución del fondo de desarrollo previsto en el protocolo del 23 de julio de 1964, y el tratado de vinculación carretera —por el cual el gobierno brasileño se comprometía a prestar asistencia al boliviano a través de la elaboración de proyectos de ayuda técnica y financiera y la ejecución de obras. A la vez, los dos presidentes acordaron la constitución de grupos de trabajo mixtos para estudiar la factibilidad del mejoramiento y la complementación de las conexiones ferroviarias y la creación de complejos industriales bolivianos-brasileños para el aprovechamiento de los recursos naturales. Véase *Documentos de política externa, 1972*, vi, Brasilia, Ministério das Relações Exteriores, 1973, pp. 90-92.

[73] "El encuentro entre los presidentes Médici y Bánzer en Corumbá tiene importancia no solamente política, sino también económico-social y fundamentalmente geopolítica... Hoy el poder brasileño no se consolida solamente en el sur, sino también en el oeste y hasta en las selvas amazónicas. Eso explica nuestra atención por los problemas de nuestros vecinos... El desarrollo, la seguridad y la estabilidad de Bolivia se tornaron un imperativo del desarrollo, de la seguridad y de la estabilidad de nuestras regiones fronterizas en aquel país", editorial de *O Estado de São Paulo* del 6 de abril de 1972.

[78] Prieto, *op. citt.*, p. 17.

dos de la paz".[74] Por medio de aquéllos, Bolivia se comprometía a proporcionar 240 000 pies cúbicos diarios de gas a Brasil, en un período de veinte años. También se estipulaba la creación de un polo de desarrollo en el sureste boliviano, el cual comprometía el establecimiento de industrias siderúrgicas, petroquímicas y de cemento y la construcción de un ducto, todo ello en la región de Santa Cruz de la Sierra y particularmente en la zona de El Mutún, donde se encuentra uno de los depósitos de hierro más fabulosos de todo el mundo.[75] La inversión total ascendía a 650 millones de dólares. Además, el convenio prescribía algunos compromisos adicionales para ambas partes. Brasil proporcionaría al gobierno de Bolivia hasta diez millones de dólares a una tasa anual del 5%, pagaderos en quince años y con tres de gracia. Asimismo, Brasil se comprometía a financiar los costos y los servicios locales de los programas y proyectos que se contemplaban en el acuerdo básico. También se acordó realizar estudios de ingeniería para desarrollar dos proyectos ferroviarios importantes. Uno de ellos es el de ligar las ciudades de Santa Cruz y Cochabamba, lo

[74] Véase "Los acuerdos de La Paz", en *Veja: revista semanal de informações*, São Paulo, núm. 254, 18 de julio de 1973, pp. 94-96.

[75] Para Brasil, los yacimientos de mineral de hierro de El Mutún no son necesarios en términos estrictamente económicos. Sus enormes reservas de hierro en el centro-sur y los recientemente descubiertos yacimientos de la Sierra de los Carajás en la Amazonia, más las existencias de Urucúm, calculadas en 21 mil millones de toneladas de mineral, con el tenor de 53 a 67% de hierro, alcanzan para atender las necesidades brasileñas por un siglo cuando menos. Además, el mineral de la Sierra de los Carajás y del Valle del Río Doce está mucho más cerca de los grandes mercados consumidores que El Mutún. Pero desde la perspectiva de los geopolíticos en el poder, hay que evitar, a cualquier costo, que Argentina pueda utilizar libremente el mineral boliviano. Hasta hoy, la explotación de los yacimientos de Santa Cruz de la Sierra constituyen la única posibilidad para que Argentina pueda desarrollar su siderurgia sin trabas, Schilling, Paulo, "Bolivia: un satélite difícil, publicado en *Marcha*, 15 de junio de 1973, núm. 1646, pp. 8-9.

que permitiría establecer la comunicación directa entre las ciudades de Santos (Brasil) y Arica (Chile), esto es, se formaría la vía Atlántico-Pacífico que pasaría por Bolivia.[76] Como en Paraguay, la política de ocupación de tierras bolivianas por colonos brasileños sigue en pie. La entrada de ellos es anticipada por créditos hipotecarios de bancos brasileños a campesinos de Bolivia, quienes, al no poder cumplir sus compromisos con los bancos, pierden sus propiedades por incautación. La política brasileña en la región, según han denunciado destacados políticos bolivianos en el exilio, conduce al dominio de las ricas zonas de Pando y Beni, en el noroeste, y al control de las inexplotadas regiones de Abapó-Izozog en el oeste, abarcando el gas y el petróleo de Santa Cruz.[77]

Bánzer trató de aminorar las presiones brasileñas haciendo algunos gestos favorables a Argentina, tales como autorizar la terminación del gasoducto que liga a Santa Cruz con las provincias del norte argentino y dar esperanzas a los representantes argentinos de su participación en el aprovechamiento de los minerales del Mutún. Como era de esperarse, el problema del abastecimiento del mineral de hierro ha aumentado la irritación de Argentina, dado que sus siderúrgicas situadas sobre el Paraná entre Rosario y Santa Fe dependen ahora de los envíos del hierro controlados por los brasileños.

Paraguay es, junto con Bolivia y Uruguay, un país que sufrió las frecuentes embestidas expansionistas de portugueses y brasileños, además de las incursiones de los bandeirantes que asolaron las misiones jesuitas y aumentaron la extensión geográfica brasileña. A consecuencia de la guerra de la Triple Alianza y de la

[76] Los acuerdos de Cochabamba se encuentran en "Brazil: the continental strategy", en *NACLA's Latin American & Empire Report*, IX, 4, mayo-junio de 1975, p. 29.
[77] *Facts on File*, vol 33, núm. 1689, 11-17 de marzo de 1973, p. 215.

demarcación de fronteras, por otro lado, Asunción tuvo una pérdida ulterior de territorio.

Actualmente Paraguay es una región donde Brasil participa "intensivamente". Sea por su mercado consumidor, por sus recursos naturales (en especial por su potencial hidroeléctrico), o por su posición estratégica, Paraguay ha estado en la mira de los sucesivos gobiernos militares brasileños. Brasil, mediante un plan sistemático de "buena vecindad", ha metido al Paraguay en su zona de influencia.

Una de las primeras maniobras de los brasileños en este sentido fue la construcción de un enorme puente sobre el río Paraná —el Puente de la Amistad—, entre las ciudades de Presidente Stroessner (paraguaya) y Foz de Iguaçú (brasileña) en abril de 1965, y la pavimentación de una carretera entre este último lugar y los puertos atlánticos de Paranaguá y Encarnación, que fueron declarados "francos" para la exportación e importación de Paraguay, por el gobierno brasileño en marzo de 1969. Tal carretera sería parte de la llamada "Rodovia do Atlántico", que uniría las calles de Asunción con el Atlántico brasileño. Posteriormente Brasil también construyó un puente sobre el río Apa, con lo que se abrió la comunicación terrestre directa entre Asunción y Brasilia.[78]

Sin lugar a dudas la jugada más importante de los brasileños en Paraguay es la construcción de la hidroeléctrica de Itaipú sobre el Paraná, después de las menores de Urubupungá, Jupiá, Ilha Solteira y Acarí. El Plan Itaipú, que originalmente iba a ser construido a algunos kilómetros al sur de Saltos del Guaira (Sete Quedas) en un lugar llamado Santa María, producirá quince millones de kilovatios hacia 1986 y tal potencial lo compartirán Brasil y Paraguay. Ellos convinieron en no vender energía a países terceros (golpe dirigido contra Argentina) y acordaron que Brasil se haría cargo de la casi totalidad de la construcción y del financia-

[78] Prieto, *op. cit.*, p. 17.

miento de la mitad de la obra hidroeléctrica, cuyo costo ascendería a 2 mil millones de dólares. Asunción, por su parte, pagaría sus gastos con electricidad en un período de cincuenta años.[79] Para los argentinos la hidroeléctrica de Itaipú fue un duro golpe por varias razones: su instalación representa prácticamente el control del Río Paraná por los brasileños y porque altera el curso normal de las aguas que desembocan en el Río de la Plata, con el daño subsecuente a los proyectos de presas hidroeléctricas que ligan a Paraguay con Argentina.[80] Por otro lado, Brasil acaba por controlar con ello el mayor potencial de recursos hidroeléctricos del mundo.

En diciembre de 1975 los cancilleres Azeredo de Silveira y Raúl Sopena Pastor firmaron el Tratado de Amistad y Cooperación entre Brasil y Paraguay en Asunción, que representa un paso más en la integración económica de los dos países. Dicho convenio establece: *a*] la promoción de inversiones a través de acuerdos de complementación industrial y la creación de empresas binacionales; *b*] la transferencia de tecnología; *c*] la firma de acuerdos comerciales futuros destinados a promover la complementación en el sector agropecuario; *e*] facilidades a las exportaciones paraguayas a través de puertos brasileños; *f*] la concesión de zonas, puertos y depósitos francos a Paraguay en el litoral marítimo brasileño, además de Santos y Paranaguá; *g*] la posibilidad de que barcos pesqueros de bandera paraguaya puedan beneficiarse de los recursos vivos del mar sometidos a la

[79] Borrat, Héctor, "¿Acuerdo en la cuenca?", publicado en *Marcha*, 20 de octubre de 1972, núm. 1616, p. 13.

[80] El peligro puede adquirir proporciones de desastre. Un estudio hecho por la Subsecretaría de Recursos Hidráulicos de Argentina establecía que si Itaipú era construida con una profundidad de 125 a 128 metros, bloquearía virtualmente los proyectos argentino-paraguayos río abajo del Cañón de Guaira, afectando la ecología "no sólo de esa región particular, sino a lo largo de 3 000 kilómetros del curso del Río Paraná y sus tributarios y tendría un impacto definitivo en la economía argentina". Selser, Gregorio, *La Nación*, Santiago de Chile, 2 de septiembre de 1963.

jurisdicción y soberanía brasileña; y *h*] el ofrecimiento brasileño para plantear el desarrollo integral del Alto Paraná, incluyendo los estudios sobre el potencial hidroeléctrico de los ríos Acaray, Monday y Ñacunday, entre otros.[81]

Una de las consecuencias de Itaipú ha sido la invasión pacífica brasileña sobre la frontera a través de la adquisición de tierras por compra. Los nuevos colonos sumaban, hasta 1976, alrededor de 80 000. Las cercanías de Itaipú no son los únicos lugares presionados por la colonización brasileña. Desde mucho antes, el fenómeno se había venido produciendo en gran escala a lo largo de toda la frontera norte, entre la cordillera de Macarayú y el río Apa. En estos lugares se habla portugués y las transacciones se hacen en cruzeiros. La penetración brasileña tiene otros aspectos, de mayor sutileza que la ocupación de tierras. El Paraguay actualmente está experimentando la influencia brasileña a través de avanzadas bancarias y financieras, las inversiones de todo tipo y las diversas empresas industriales (entre ellos, un gran ingenio azucarero, una planta gigantesca de secado y empaquetado de yerba mate y una planta siderúrgica).[82] La presencia brasileña en todos los planos se completa con la donación de doce aviones "Uriapuro T-23" a la Fuerza Aérea paraguaya, en 1973.[83]

Uruguay es un país que tiene una situación importante como enclave estratégico, similar al de Paraguay en el sentido de que ha sido y sigue siendo un "colchón" entre dos gigantes; porque tiene el río Uruguay —que comparte con Argentina— y porque en sus cercanías se encuentra la desembocadura del Río de la

---

[81] Véase el texto del tratado en *Resenha de política exterior do Brasil*, Brasilia, Ministério das Relações Exteriores, octubre-diciembre de 1975, año II, núm. VII, pp. 162-163.

[82] Prieto, *op. cit.*, p. 18.

[83] "Ocho convenios: Brasil controla recursos naturales", publicado en *El Cronista Comercial*, Buenos Aires, s.f., reproducido en *Excelsior* (pensamiento iberoamericano), México, 16 de junio de 1974, p. 2.

Plata. Uruguay, por otro lado, tiene reservas de carne y grano que son del interés particular de la industria de la región de Río Grande y de São Paulo. Si bien es cierto que éstas son dos de las razones por las que Brasil se ha mezclado en los asuntos internos de Uruguay, no son las únicas. Así, la inestabilidad política de Uruguay ha sido una causa de interés permanente del Brasil.

Las invasiones brasileñas en Uruguay son un fenómeno bastante conocido. El antiguo territorio de este país fue penetrado sistemáticamente desde la época colonial, hasta la ribera del Río de la Plata, mediante la fundación del fuerte de Colonia del Sacramento, frente a Buenos Aires. Uruguay en un momento llegó a ser dominado íntegramente por los brasileños y se constituyó en la Provincia Cisplatina del Brasil. A cambio de la devolución de Colonia, Brasil retuvo los territorios que hoy forman su estado de Río Grande do Sul, y durante la guerra entre España y Portugal, las fuerzas portuguesas se apoderaron de las Misiones orientales. En suma, el antiguo Uruguay sufrió la amputación de su territorio, por estos movimientos y por la demarcación fronteriza, en una extensión equivalente a su tamaño actual.

Hoy la presencia brasileña en Uruguay tiene aspectos de diversa índole. En su aspecto meramente político y militar debemos mencionar las amenazas veladas de invasión a Uruguay en 1965,[84] las fuertes presiones que

[84] En junio de 1965 la prensa brasileña publicó una serie de artículos que sugerían que el colapso económico y político de Uruguay parecía inminente y que Brasil debía estar preparado para tomar medidas de fuerza a fin de impedir el ascenso de los comunistas y otros opositores. Como la abrumadora mayoría de los periódicos brasileños apoyaban al régimen de Castelo Branco, la conclusión en los círculos oficiales uruguayos fue que los informes habían sido inspirados por el mismo gobierno de Brasilia, y especialmente por los líderes militares de extrema derecha que por tradición habían considerado a Uruguay un foco de subversión comunista. También se comentó en el país platino que los militares del Brasil estaban invi-

aplicó el gobierno brasileño sobre Pacheco Areco a propósito del secuestro del cónsul Aloysio Dias Gomide,[85] la asistencia policiaco-militar brasileña al gobierno uruguayo para que pudiera enfrentarse a la guerrilla tupamara que lo hacía tambalearse, la elaboración del "Operativo Treinta Horas", así como el apoyo ideológico y moral al depuesto gobierno de Juan María Bordaberry. Éste, como medida anticipada de correspondencia, declaró el día que asumió el poder (primero de marzo de 1972), que no podía "ocultar sus afinidades y simpatías hacia el gobierno brasileño".[86]

Con Bordaberry en la presidencia se inicia un período de cooperación estrecha en el aspecto económico entre Brasil y Uruguay. El 20 de marzo de 1972 los gobiernos de los dos países firmaron un importante acuerdo que aseguraba el desarrollo de la Cuenca del Lago Marín, en la zona fronteriza. En dicho acuerdo se incluyeron la construcción de una represa hidroeléctrica en Paso

tando a los derechistas de Uruguay a que dieran un golpe de estado. Estas especulaciones recibieron mayor peso cuando se dijo que los comandantes brasileños planeaban provocar incidentes en la línea fronteriza con el propósito ulterior de invadir Uruguay. Estados Unidos intervino ofreciendo sus buenos oficios para reducir la tensión entre los dos países, *New York Times,* 9 de junio de 1965.

[85] "La presión brasileña sobre el gobierno de Pacheco Areco fue la mayor realizada hasta ahora por un país que haya sufrido el secuestro de un diplomático", afirmó la revista *Veja: revista semanal de informações,* en un comentario sobre el secuestro del cónsul brasileño en Uruguay, Aloysio Dias Gomide, citado en "Secuestros y geopolítica", publicado en *Marcha,* 21 de agosto de 1970, núm. 1507, p. 17. La revista política brasileña *Movimiento,* reveló en marzo de 1979 que las fuerzas armadas del Brasil estaban listas para invadir Uruguay en septiembre de 1971, de haberse producido la victoria electoral del candidato del "Frente Amplio", general Arturo Líber Seregni. Los responsables de la operación eran el general Breno Borges Fortes, comandante del Tercer Ejército con asiento en Río Grande do Sul y el coronel Angelo I. Cunha, jefe de la Agencia Central del Servicio Nacional de Informaciones (SNI). Véase *El Universal,* 27 de marzo de 1979.

[86] "Ocho convenios...", *op. cit.*

Centurión, sobre el río Yaguarón, la instalación de una planta de fertilizantes y otra de cemento para explotar los grandes yacimientos de calizas en el departamento de Treinta y Tres, y "el estudio con miras al desarrollo de una faja de 62 250 kilómetros, de los cuales 29 250 corresponden a territorio uruguayo".[87]

El presidente Juan María Bordaberry y los intereses ganaderos e industriales de la carne contemplaron la integración de la economía uruguaya (con problemas ya crónicos) a la pujante economía brasileña. Ante las protestas del grueso de la industria uruguaya, que temieron la competencia de las mercaderías brasileñas (de mejores precios y mayor calidad), y a la declaración triunfalista del geopolítico Enrique da Rocha Correa, en la Cámara de Diputados del Brasil sobre la dependencia uruguaya, el gobierno de Montevideo se vio obligado a declarar a través de su ministro del Exterior, Juan Carlos Blanco, que "sería monstruoso pensar que Uruguay pudiera dejar de ser independiente".[88]

En julio de 1975 se entrevistaron en la ciudad de Rivera, punto fronterizo del Uruguay, los presidentes Geisel y Bordaberry, y firmaron el mayor complejo de acuerdos de cooperación en la historia de las relaciones entre los dos países.[89] Destacan la concesión de una línea

[87] *Ibid.*
[88] *Facts on File,* vol 33, núm. 1714, 2-8 de septiembre de 1973, p. 754.
[89] Dichos acuerdos fueron: el Tratado de amistad, cooperación y comercio, el Protocolo de expansión comercial, el Acuerdo básico de cooperación científica y tecnológica, el Convenio de crédito para la adquisición de bienes de capital brasileños, el Convenio sobre transporte marítimo, el Convenio sobre transporte fluvial y lacustre y Acuerdos relativos al financiamiento brasileño para las cosechas de trigo en Uruguay, la interconexión eléctrica, la construcción de un grupo binacional de trabajo para estudiar medios de implementar la colaboración brasileña en la construcción de la central hidroeléctrica de Palmar, el Acuerdo sobre la fijación definitiva de la barra del Arroyo Chuy y su límite lateral marítimo y el Acuerdo sobre las obras de contención del trecho final y de la barra del Arroyo Chuy, *Resenha de política exterior do Brasil,* Brasilia, Minis-

de crédito por 500 millones de dólares a diez años de plazo, con dos de gracia y baja tasa de interés a Uruguay para la adquisición de maquinaria industrial del Brasil. Éste se comprometió también a estimular mediante créditos especiales, cuya naturaleza y condiciones se desconocen, la plantación de trigo, y ofreció asimismo comprar luego los excedentes exportables que resultaren de las cosechas. Se acordó aprovechar los ríos comunes mediante empresas binacionales, como la que se proyectaba organizar para construir una gigantesca represa hidroeléctrica en Palmar, para lo cual Brasil aseguró el financiamiento.[90]

El proyecto de Palmar, de gran importancia para la futura producción de energía eléctrica en el país, se encontraba olvidado desde hacía más de una década por la negligencia de los gobiernos de Uruguay. Se calcula que dicho plan podría producir 300 mil kilovatios hacia 1980, fecha calculada para tener la instalación en funcionamiento pleno. Finalmente, se incluyó un catálogo de proyectos de cooperación técnica y financiera para poner en marcha las proposiciones de los dos países, donde Brasil tenía, naturalmente, la participación mayoritaria.[91]

La construcción de la infraestructura vial entre Brasil y Uruguay con fines económicos —e indudablemente militares— no ha sido descuidada por los militares brasileños. De acuerdo a un informe proporcionado por el Departamento de Carreteras del Brasil se construían,

tério das Relações Exteriores, enero-marzo de 1976, año II, núm. VIII, p. 9.

[90] El 25 de febrero de 1976, los presidentes del Banco do Brasil y del Banco Central de Uruguay firmaron un convenio de crédito con valor de 131 millones de dólares, destinado a financiar la adquisición de equipos y servicios brasileños que serían utilizados en la construcción de la central hidroeléctrica de Palmar, a localizarse en las márgenes del río Negro, en el oeste de la República de Uruguay. *Ibid.*, p. 106.

[91] Guzmán Galarza, Mario V., "Uruguay: una victoria diplomática brasileña y sus consecuencias", en *El Día*, México, 10 de julio de 1975.

hacia 1971, seis carreteras que partían de Río Grande do Sul, y se dirigían a Uruguay,[92] que se sumaban a los contactos fluviales (por el río Uruguay, por la Laguna Marín, por el Yaguarón y el Quarí), ferroviarios, marítimos, aéreos y a los caminos asfaltados de Chuy, Bagé, Livramento y Uruguaiana. Las acusaciones reiteradas en el sentido de una estrecha cooperación policiaca entre Brasil y Uruguay desde hace más de una década se comprobó con el reconocimiento por el gobernador de Río Grande do Sul de que la policía brasileña había participado en el secuestro de cuatro ciudadanos uruguayos en Porto Alegre, en noviembre de 1978. Los uruguayos un hombre, una mujer y sus dos hijos— fueron pasados en forma clandestina a su país de origen, donde los mayores ingresaron a la cárcel, mientras que los menores fueron dejados bajo la custodia de sus abuelos.[93]

Los gobiernos de Bolivia, Uruguay, Paraguay, Brasil y Argentina están comprometidos en el plan conjunto de desarrollo integral de la cuenca del Río de la Plata, en virtud del tratado que lleva el mismo nombre y que fue firmado en Brasilia el 23 de abril de 1969.[94] La

[92] Son la BR-471, de 668 kilómetros de longitud, que va de Soledad a la frontera; la BR-472, de San Borja a la barra del río Cuareim; la que va de Fortaleza hasta Yaguarón (4 403 km); la BR-153 que conecta a Belén con Brasilia y Acegúa (3 749 km) y la BR-158, que va de San Félix en Matto Grosso hasta Santana de Livramento, frente a Rivera (2 714 km), en "La sombra de la Cisplatina: Uruguay y Brasil", publicado en *Marcha*, 30 de julio de 1971, núm. 1554, p. 7.

[93] *Facts on File*, vol. 39, núm. 1996, 9 de febrero de 1979, p. 25.

[94] De acuerdo al Tratado de la Cuenca del Plata, los países firmantes se comprometen a:
  a] La asistencia mutua en material de navegación.
  b] La utilización racional del agua, especialmente a través de la regularización de los cursos de los ríos y de su aprovechamiento equitativo.
  c] La preservación y el fomento de la vida animal y vegetal.
  d] El perfeccionamiento de las interconexiones viales, ferroviarias, fluviales, aéreas, eléctricas y de telecomunicaciones.

importancia de la zona no puede ser ignorada. Su territorio tiene aproximadamente 3.5 millones de kilómetros cuadrados y es, después del Amazonas, el territorio más grande de Sudamérica. Hay 28 cuencas de ríos menores en esta complicada red formada por los ríos Paraná, Paraguay y Uruguay y sus numerosos tributarios. Hay también 15 000 kilómetros de rutas de navegación en esta región que cuenta con 90 millones de pobladores. Contiene asimismo los depósitos de hierro más grandes del mundo, así como de hidrocarburos, carbón, uranio, torio y vanadio, sin contar con enormes terrenos apropiados para la agricultura.

El objetivo brasileño con sus programas de aprovechamiento hidroeléctrico sobre el Paraná que ya mencionamos, se dirige al control de la energía de la cuenca del Río de la Plata, que a la vez conduce a la hegemonía sobre la región. Argentina no se ha quedado con los brazos cruzados ante este hecho. El antagonismo entre Brasil y Argentina se empezó a manifestar desde antes de la firma del Tratado de la Cuenca del Plata: mientras que Argentina sostenía que los estados ribereños debían ser informados sobre las obras efectuadas en ríos internacionales de curso sucesivo, Brasil —que ya empezaba a controlar la energía de la cuenca a través de su avasallante política de represas— reivindicaba la soberanía absoluta de cada estado respecto a las represas

e] La complementación regional mediante la promoción y el establecimiento de industrias de interés para el desarrollo de la cuenca.

f] La complementación económica en las áreas limítrofes.

g] La cooperación mutua en materia de educación, salud, y lucha contra las enfermedades.

h] La promoción de otros proyectos de interés común, y en especial de aquellos que se relacionen con el inventario, evaluación y aprovechamiento de los recursos naturales del área.

i] El conocimiento integral de la cuenca del Plata.

El texto del Tratado de la Cuenca del Plata del 23 de abril de 1969 se encuentra en *Documentos de política externa, 1968-1969*, III, Brasilia, Ministério das Relações Exteriores, 1969, pp. 149-150.

que se levantaban en su propio territorio, aceptando tan sólo el otorgamiento de garantías formales en el sentido de no afectar con sus obras hidroeléctricas a ningún estado.

Por el momento el enfrentamiento pareció resolverse con el acuerdo suscrito por los cancilleres Gibson Barbosa y McLoughlin en el curso de la Asamblea de las Naciones Unidas en octubre de 1972. Dicho convenio, que no permitió la participación argentina en las decisiones brasileñas relativas al manejo de la represas, establece que "en la exploración, la explotación y el desarrollo de sus recursos naturales, los estados no deben causar efectos perjudiciales sensibles en zonas situadas fuera de su jurisdicción nacional". Y para darle un viso de obligatoriedad a esta declaración, se afirmó que "la cooperación entre los estados en el campo del medio ambiente... se logrará en forma adecuada dándose conocimiento oficial y público de los datos técnicos relativos a los trabajos a ser emprendidos por los estados dentro de su jurisdicción nacional con el propósito de evitar perjuicios sensibles que pudieran ocasionarse en el medio humano del área vecina".[95]

Venezuela es otra de las prioridades geopolíticas del Brasil, por sus recursos petroleros y por su posición privilegiada en la zona del Caribe. Las relaciones entre Brasil y Venezuela en la década de 1970 se han incrementado a pesar de la existencia de factores de tensión que se registraron en 1971. En noviembre de este año, el canciller Gibson Barbosa acordó con el gobierno de Guyana la construcción de obras por Brasil en Lethem, distrito de Rupununi, justamente en el área de casi 150 000 kilómetros cuadrados que los venezolanos reclaman como suyo. El presidente Caldera repuso de inmediato: "Cualquier acción que hubiera en los territorios en disputa con la Guyana no representará una disminución de los derechos venezolanos... Nada hará que Vene-

[95] Véase "Acuerdos de Nueva York", en *Veja: revista semanal de informações*, 18 de julio de 1973, p. 41.

zuela desista de los derechos sobre aquellos territorios en poder de Guyana." Días después, el vicealmirante Jesús Carbones Izquierdo, viceministro de Defensa, anunció que en 1972 "el país recibirá los *Mirages* adquiridos en Francia, la marina será reforzada con varias unidades de patrulla y con tres submarinos y se mejorará el equipo blindado para el ejército".[96] Esta declaración, evidentemente, pretendió advertir al Brasil sobre los riesgos militares que implicaba un compromiso unilateral con Guyana.

En junio de 1973 el canciller Gibson Barbosa firmó con su colega venezolano Arístides Calvani un acuerdo por el que se aumentaban las compras de petróleo venezolano, a precio fijo para el año en curso, y la constitución de una sociedad mixta formada por Petrobrás y la Corporación Venezolana del Petróleo para la explotación conjunta de los yacimientos de la zona amazónica fronteriza.

Un año antes el presidente Caldera se había entrevistado con Garrastazú en el puesto lindante de Santa Elena de Uairén. En esta ocasión se firmaron acuerdos para la construcción de la carretera Brasilia-Caracas, la BV-8, de un total de 5 758 kilómetros, de los cuales 4 462 deberían tenderse en territorio brasileño con un costo aproximado de 320 millones de dólares. En este punto vale mencionar que el ingeniero brasileño, Eliseu Rezendo, director del Departamento Nacional de Carreteras afirmó que el sistema de carreteras internacionales permitiría la "integración del sistema vial de toda América del Sur, garantizando con eso el liderazgo continental del Brasil".[97]

Estas y otras acciones han alarmado a diferentes sectores venezolanos. Así, en enero de 1973, el diputado César Rondón Lovera, vicepresidente de la comisión de política exterior del congreso venezolano denunció que "Brasil está, lentamente pero con seguridad, adueñán-

[96] Borrat, Héctor, "¿Brasil versus Argentina-Perú?", publicado en *Marcha*, 3 de noviembre de 1972, núm. 1584, p. 18.
[97] Prieto, *op. cit.*, p. 20.

dose de territorio venezolano". Por estas fechas, un estudio del especialista Germán Háuser señalaba que Brasil había instalado un puesto militar a veinte kilómetros de Santa Elena de Uairén, cerca de la carretera a Boa Vista, sede de una de las guarniciones militares más importantes de la región.[98]

Venezuela es el país latinoamericano que con mayor energía se opuso al tratamiento de potencia que Estados Unidos le había dado al Brasil. El presidente Carlos Andrés Pérez se expresó en los siguientes términos sobre el asunto: "Para mí la importancia en las relaciones entre los Estados Unidos y América Latina no es que se puedan señalar privilegios entre los dos países, sino por el contrario, en lo que se exprese en la consideración y el respeto de la gran nación norteamericana hacia la comunidad latinoamericana." Cuatro años antes, en respuesta a la afirmación de Nixon de que "hacia donde se incline Brasil se inclinará Latinoamérica", el presidente Caldera expresó: "En América Latina no somos proclives a las hegemonías. No estamos de acuerdo en que la unión latinoamericana se construya alrededor de un país, por grande que sea, que imponga caminos, que decida normas o que oriente la conducta de otros."[99]

El incremento en las relaciones entre Venezuela por un lado, y México, Cuba, Argentina y los países del Pacto Andino por el otro, ha dado pie a pensar que Caracas está interesada en la creación de un eje formado por estos países para neutralizar la influencia brasileña en Sudamérica, idea no del todo descabellada, si miramos la activa participación de Venezuela en el Pacto Andino y el SELA, en el crecimiento notable de las relaciones comerciales y políticas con Argentina y México y la asistencia militar que desde hace varios años proporciona Venezuela a Bolivia.

Los derechos de Perú heredados del virreinato de

[98] Citado en "Ocho convenios...", *op. cit.*
[99] Citado en Schilling, Paulo, "Brasil, gigante amenazador", publicado en *Marcha*, 17 de noviembre de 1971, núm. 1574, p. 12.

Lima entraron en contradicción con el principio del *uti possidetis* a propósito de un territorio en disputa por este país y Brasil en ocasión de la ya nombrada demarcación de la línea fronteriza. Finalmente, en 1909 se firmó entre Brasil y Perú un tratado de límites que consolidaba el triángulo Yapura-Amazonas-Yavari para el primero. El gobierno peruano reconoció la soberanía brasileña sobre las zonas habitadas por sus súbditos, y el Brasil a su vez reconoció el derecho del Perú sobre la región habitada por sus nacionales en el Alto Perú y en el río Santa Rosa. Las pretensiones peruanas sobre 442 000 kilómetros cuadrados fueron atendidas con 39 000, mientras que los 403 000 restantes quedaron en manos del Brasil.

Perú es un punto de interés para los geopolíticos brasileños por su posición costera sobre el océano Pacífico, por sus riquezas naturales y porque ha seguido un modelo de desarrollo diferente al brasileño. En contra de lo que pudiera pensarse, las relaciones entre Brasil y Perú han sido correctas en los últimos años. Entre Perú y Brasil hay un intenso tráfico comercial por el río Amazonas, por el mar vía Cabo de Hornos y por vía aérea. El Perú envía desde Iquitos, sobre el Amazonas, y por ese río hasta Manaos, en convoyes de barcazas-tanques remolcadas, cinco mil barriles diarios del petróleo extraído de su selva. Por su parte, Brasil vende productos manufacturados al Perú, particularmente componentes de automóviles Volkswagen para ensamblar en el país.[100]

La integración vial entre Brasil y Perú no ha sido descuidada por el primer país. La carretera transamazónica, que parte de João Pessoa y de Recife, en el Atlántico, cruza todo el territorio del Brasil y llega hasta Cruzeiro do Sul, y de allí, siempre en plena selva, se acerca a la frontera con Perú. Desde allí hasta la ciudad selvática peruana de Pucallpa hay menos de doscientos kilómetros. Da la impresión de que Brasil, sin pedirlo,

[100] Prieto, *op. cit.*, p. 18.

quiere que Perú construya el tramo carretero hasta enlazarlo con la carretera transamazónica. Pero Perú no lo ha hecho. Cuando ese breve tramo se construya, Brasil tendrá asegurada una salida al Pacífico por vía terrestre, pues de Pucallpa a Lima hay una buena carretera.[101] En marzo de 1971 el canciller peruano visitó Brasilia, y se entrevistó con su colega brasileño. Ambos acordaron que sus países incrementarían el intercambio comercial, y examinaron las posibilidades de trabajar juntos en planes de desarrollo agropecuario, de construcción de mataderos, de ampliación de la marina mercante, así como en proyectos de metalurgia de minerales no-ferrosos, construcción civil y expansión de la flota pesquera. Mercado Jarrín aceptó la oferta de una línea de crédito por diez millones de dólares, hecha por el gobierno del Brasil.[102]

En 1973 se acordó el estudio de la zona amazónica de los dos países y la formación de una empresa binacional para explotar el petróleo fronterizo. Además Brasil comprometió asistencia técnica para el desarrollo ganadero peruano. Por otro lado, el entonces canciller Mario Gibson Barbosa lanzó la idea de invertir capitales brasileños en una empresa mixta para la explotación de mineral de cobre.[103] En marzo de 1976 una misión comercial brasileña estuvo en Lima y firmó con el gobierno peruano un acuerdo a largo plazo (1977-1980) para el abastecimiento de productos agrícolas brasileños al Perú y de metales no-ferrosos peruanos al Brasil. Tal acuerdo, se espera, podrá generar un volumen adicional de intercambios entre los dos países, superior a los cien millones de dólares anuales. Finalmente, se abrieron las negociaciones sobre las posibilidades de fabricación, tanto en Brasil como en Perú, de alimentos balanceados

[101] *Ibid.*, p. 19.
[102] Véase el comunicado conjunto Brasil-Perú de marzo de 1971 en *Documentos de política externa*, v, 1971, Brasilia, Ministério das Relações Exteriores, 1973, pp. 43-46.
[103] Prieto, *op. cit.*, p. 19.

hechos a base de harina de pescado y de germen de soya.[104]

El desarrollo de las enormes extensiones de territorio selvático de la Amazonia es una de las mayores preocupaciones del régimen militar brasileño, como lo demuestra la construcción de la transamazónica y la carretera Cuiabá-Santarém, de 1 500 kilómetros, que se cruza con la primera en el interior de la jungla. El tendido de caminos asfaltados en la Amazonia brasileña tiene sentido si existe una voluntad resuelta de los países vecinos de completar la integración vial, por lo que Brasil se convirtió en el principal animador del Tratado de Cooperación en la Cuenca del Amazonas. Éste fue firmado en Brasilia por los ministros del Exterior de Venezuela, Colombia, Brasil, Guyana, Surinam, Ecuador, Perú y Bolivia, el 3 de julio de 1978. El pacto garantizaba " libertad de navegación más amplia posible en el río Amazonas y en otros ríos del área", y comprometía a los ocho países a cooperar en la construcción de carreteras que ligaran al delta del Amazonas con cada uno de los territorios nacionales, como puntos principales.[105]

El golpe de estado chileno del 11 de septiembre de 1973 eliminó las preocupaciones del gobierno brasileño, que había visto en Salvador Allende una fuente potencial de subversión y de movilización popular que podía "contagiarse" a los países vecinos. Desde que la Unidad Popular ascendió al poder, las voces de alarma se dejaron oír en Brasil. Veamos lo que decía *O Estado de São Paulo*, diario que refleja la opinión de la burguesía paulista y de los militares en el gobierno:

El primer acto del nuevo gobierno chileno, en el plan de su política externa, fue la reanudación de las relaciones diplomáticas con Cuba... El desafío castrista a los valores tradicionales de América Latina, que hasta ahora parecía quijo-

[104] Véase el acuerdo peruano-brasileño de marzo de 1976 en *Resenha de política exterior do Brasil, op. cit.*, p. 65.
[105] *Facts on File*, vol. 32, núm. 1982, 3 de noviembre de 1978, p. 829.

tesco, adquiere hoy consistencia y seriedad... El eje La Habana-Santiago que está a punto de pasar por Lima y La Paz, es una amenaza directa al resto de América Latina, así como un desafío, el más serio posible, al "estatus", a los liderazgos continentales y a los valores culturales y políticos tradicionales del Brasil.[106]

Durante el gobierno de Allende las tradicionales buenas relaciones entre Brasil y Chile se volvieron tensas. Con respecto a otros países y bloques de países, los brasileños resintieron hondamente los viajes del presidente chileno a Perú, Ecuador y Colombia, en el que proponía el "pluralismo ideológico" contra las "fronteras ideológicas" de los militares brasileños. A pesar de lo anterior, Brasil concedió, junto con México, Colombia y Perú, un crédito por cien millones de dólares, de los cuales la mayor contribución correspondió al primer país. El vicepresidente del Banco Central del Brasil, Hugo Fazio, afirmó que el préstamo se dirigió a minimizar el embargo impuesto a Chile por los bancos comerciales de los Estados Unidos.[107]

Una vez consumado el cruento golpe contra el gobierno de la Unidad Popular, los nuevos gobernantes se apresuraron a colocarse al lado del Brasil. Este hecho representa el reconocimiento de la ayuda otorgada por Brasilia, antes y durante el golpe de estado. Ahora es de dominio público la participación de provocadores brasileños afiliados a "Patria y Libertad" en los actos contra el gobierno constitucional y la "ayuda" proporcionada por agentes militares brasileños (de inteligencia naval) en las torturas aplicadas inmediatamente después del golpe a muchos chilenos.[108] Asimismo, el

[106] "Desafiados o Brasil e o continente", editorial de *O Estado de São Paulo*, 14 de noviembre de 1970, p. 3.
[107] *Facts on File*, vol. 32, núm. 1964, 9-15 de julio de 1972, p. 532.
[108] Briones, *op. cit.*, p. 741. Véase también "Chile: el informe de Amnesty", publicado en *Marcha*, 25 de enero de 1974, núm. 1650, p. 6. Un informe del *Washington Post* firmado por la periodista Marlise Simons, del 8 de enero de 1974, señalaba

gobierno brasileño fue el primero en reconocer a la Junta Militar encabezada por Augusto Pinochet. En los dos primeros meses posteriores al golpe de estado, Brasil concedió créditos a Chile por un total de cincuenta millones de dólares, y se hizo presente con grandes donativos de alimentos y medicinas. En 1974 un grupo de oficiales de inteligencia chilenos visitaron Brasil a fin de recibir entrenamiento de todo tipo para luchar contra la "subversión interna", oportunidad en que se anunció la venta por parte del Brasil a Chile de equipo de guerra de fabricación nacional: los blindados carros-tanque anfibios tipo "Urutú EEHH/II" y "Cascabel EE-9". Es notable el hecho de que la ayuda económica directa del gobierno brasileño al chileno ascendió a 150 millones de dólares en el primer año de

que no existían evidencias de que el gobierno brasileño había participado en la actividad antiallendista, aun cuando sus servicios de inteligencia estaban al tanto de ella. Dos brasileños, Glycon de Paiva y Aristóteles Drummond, admitieron haber ayudado a las fuerzas contrarias a Allende, y dijeron que grupos privados habían dado armas, dinero y asesoría a los chilenos reaccionarios. De Paiva estaba ligado al Instituto Brasileño para la Investigación y Estudios Sociales (IPES), que, de acuerdo con Simons, organizó, financió y coordinó las actividades de hombres de negocios y oficiales del ejército para derrocar a Goulart. De Paiva declaró que después de la elección de Allende en 1970 un grupo de empresarios chilenos pidieron sus servicios, a quienes les explicó la manera de preparar las condiciones para el golpe militar contra el presidente, a través de la creación del caos político y económico, la difusión del miedo al comunismo entre empleados y obreros, el bloqueo a la legislación de los partidos de izquierda, la organización de demostraciones y el recurso al terrorismo en última instancia. Por recomendación de De Paiva, se creó en Santiago una versión chilena del IPES, el Centro para el Estudio de la Opinión Pública (CEOP), por asociaciones económicas de industriales y terratenientes. El centro se convirtió en la fuente principal de la estrategia huelguística gubernamental y las campañas de rumores, así como de la organización de tropas de choque anticomunistas. Véase Simons, Marlise, "Brazil in anti-Allende coup", en *Washington Post*, 8 de enero de 1974, p. 29.

dictadura militar, cifra superior a la ayuda proporcionada por los Estados Unidos a Santiago.[109] En ese mismo año una misión brasileña viajó a la capital de Chile con el objeto de estudiar las bases sobre las que se apoyaría una empresa binacional que explotaría yacimientos cupríferos chilenos, y se anunció que estaba próxima a concretarse la interconexión vial entre el puerto atlántico de Santos y el puerto pacífico de Arica, a través de Santa Cruz, en Bolivia. El apoyo llegó también al plano político: el *Financial Times* informó en una de sus ediciones que el gobierno brasileño había mediado ante los fabricantes ingleses para que rompieran de algún modo el bloqueo que el gobierno laborista había impuesto al envío de armas y equipos bélicos de Inglaterra a Chile. Las agencias cablegráficas consignaron la posibilidad de que los motores Rolls Royce de los poderosos Hawker Hunter de la aeronáutica chilena, rechazados para sus reparaciones en Londres, fueran atendidos por la Rolls Royce de São Paulo.

El jefe de la Junta Militar propuso durante la inauguración del período del presidente Geisel en Brasil un plan en el sentido de formar una "alianza continental anticomunista" que tuviera como pilares a Chile y a Brasil. A pesar de que sus colegas geopolíticos brasileños aparentemente rechazaron la propuesta, las tradicionales buenas relaciones entre las dos naciones quedaron firmemente establecidas.

Brasil no ha permanecido completamente al margen del conflicto que ha perturbado las relaciones entre Chile y Argentina a propósito del Canal de Beagle. Como resultado del antagonismo, el comercio entre estos últimos, que ascendía a 400 millones de dólares anuales, descendió en forma abrupta. Brasil ocupó el lugar abandonado por Argentina en el mercado chileno y elevó en 125% sus exportaciones a aquel país en 1978. La decisión argentina de suspender "por razones políticas" las exportaciones de un elevado número de productos

[109] Briones, *op cit.*, p. 741.

a Chile en 1978, permitió a Brasil aumentar las exportaciones de mercaderías diversas al mercado chileno en dicho lapso. Los principales productos de esa ofensiva brasileña fueron autobuses y camiones, así como también automóviles y carrocerías, tejidos, buques, máquinas de diversos tipos y aves congeladas.[110] Por otro lado, es importante señalar que la alianza económica y comercial es contraparte de la alianza política entre Brasil y Chile, por lo que está plenamente justificado el temor de Argentina de que "un tercer país" intervenga en el conflicto del Canal de Beagle.[111]

Colombia, que se defendió durante mucho tiempo de la legalización de las ocupaciones de tierras por los brasileños, cedió finalmente, gracias a la intervención del Departamento de Estado norteamericano, que resolvió en favor del Brasil el viejo pleito derivado del territorio de Apaporis.

Hasta 1971, Colombia y Brasil sólo habían firmado dos acuerdos importantes: su condición de ser los mayores productores de café del mundo los incluía bajo objetivos compartidos en el Acuerdo Internacional del Café, y en 1965, Petrobrás de Brasil y Ecopetrol de Colombia habían suscrito un convenio de cooperación técnica y comercial, que preveía la posibilidad de acuerdos comerciales específicos relativos a la compra y venta de petróleo y sus derivados.[112]

En 1971 sucesivos encuentros entre los cancilleres de los dos países culminaron con el diálogo del presidente Misael Pastrana Borrero y el general Emilio Garrastazú en el poblado de Leticia, sobre la frontera común. Los inexplotados yacimientos carboníferos y petroleros colombianos componían la agenda. Poco después, en junio de 1973, los cancilleres firmaron el acuerdo: dos empresas binacionales se encargarían de la explotación conjunta de los yacimientos. Las minas del Correjón, en la

[110] *Excelsior*, 7 de mayo de 1979.
[111] *Facts on File*, vol. 38, núm. 1983, 10 de noviembre de 1978, p. 860.
[112] "Ocho convenios...", *op cit*.

Guajira, exigían una inversión próxima a los 300 millones de dólares para extraer casi cinco millones de toneladas anuales de carbón, que Brasil se comprometía a adquirir en el marco de su política de expansión siderúrgica. Las reservas de hidrocarburos de los llanos orientales que se extienden hacia el sur, sobre la frontera, requerían de una inversión algo mayor que sería abordada por una empresa mixta en la que Petrobrás participaría con el 40%, Ecopetrol con otro tanto, y el estado colombiano con el 20% restante. Los acuerdos se complementarían con la construcción de un ferrocarril que uniría la cuenca carbonera con una ciudad brasileña indefinida. En enero de 1975, sin embargo, Colombia descartó su proyecto de convenio con Brasil para la explotación del carbón, por considerarlo "lesivo para los intereses nacionales".[113]

La vinculación vial del Brasil con Colombia no ha sido descuidada por los militares brasileños. Al conmemorar el tercer aniversario de su ascenso al poder, el presidente Garrastazú firmó un decreto que elevó hasta 466 millones de dólares la inversión inicial para abrir la carretera Perimetral Norte, de unos 3 300 kilómetros que nace en Macapá, sobre el Atlántico, que corre paralela a las fronteras norte y noroeste, pasa por los afluentes septentrionales del Amazonas, cruza el Solomoes a la altura de Benjamín Constant y se entronca con la transamazónica en Cruzeiro do Sul, en Acre. Colombia, junto con las Guayanas, Venezuela y Perú, está enhebrada por esta vía asfaltada.[114]

El interés brasileño por Ecuador se empezó a manifestar desde los principios del gobierno militar, debido básicamente a su posición geográfica y a sus riquezas naturales. Ya en 1965 un grupo de ingenieros fluviales brasileños trabajaban en el estudio de una ruta por

[113] "Las empresas petroleras estatales de Colombia y Brasil firman un convenio", en *Comercio Exterior*, México, Banco de Comercio Exterior, S. A., vol 15, marzo de 1965, p. 221.
[114] Borrat, Héctor, "Brasil a los cuatro vientos", publicado en *Marcha*, 24 de noviembre de 1972, núm. 1620, p. 13.

tierra y por agua que diera acceso al transporte comercial ecuatoriano al sistema del Amazonas. Ellos propusieron la construcción de una carretera de Quito a Puerto Asís sobre el río Putumayo. De allí, se dijo, las barcazas ecuatorianas podrían navegar por el Putumayo hasta el río Solimoes en Brasil, y seguir por el Amazonas hasta el puerto de Belén.[115]

En junio de 1971, el canciller ecuatoriano visitó Brasilia en un intento de mayor acercamiento de su país con su vecino gigante. Entre las realizaciones más importantes de su viaje podemos citar la construcción de la carretera Lago Agrio-Puerto Putumayo por el Cuerpo de Ingenieros del Ejército de Ecuador y una firma brasileña; la apertura de una línea de crédito por 10 millones de dólares de Brasil a Quito y el acuerdo de una mayor cooperación técnica bilateral en los campos de la operación de locomotoras diesel, siderurgia, ingeniería forestal, ingeniería de caminos, extracción y refinación de petróleo e industria textil.[116]

Dos años después el canciller Gibson Barbosa suscribió los acuerdos más sustanciales con el Ecuador. A la construcción de la vía interoceánica que uniría a Manaos con el puerto ecuatoriano de San Lorenzo (Manaos ya era, entonces, el vértice de un triángulo unido por la carretera con Caracas y por vía férrea con el Pacífico), se sumó el inicio oficial de los estudios para la creación de una empresa mixta entre el organismo estatal ecuatoriano y Petrobrás, para explotar los yacimientos de inestimable potencial descubiertos a finales de la década anterior.[117]

La importancia geopolítica de la comunicación brasileña con el puerto de San Lorenzo es notable, dada su proximidad con el Canal de Panamá, y, dado, claro está, que es la "tercera ventana alternativa" hacia el

---

[115] *New York Times*, 26 de diciembre de 1965.
[116] *Documentos de política externa*, v, 1971, Brasilia, Ministério das Relações Exteriores, 1973, pp. 145-147.
[117] "Ocho convenios...", *op. cit.*

océano Pacífico en el remoto e improbable caso que Chile y Perú llegasen a cerrar sus puertos al Brasil.

Guyana es también un punto de importancia en la geopolítica brasileña, por su posición de país costero en el Caribe y por sus recursos naturales. El interés del Brasil por un puerto libre en la zona caribeña se hizo patente en noviembre de 1968 cuando el gobierno anunció oficiosamente que el puerto de Georgetown podía ser un punto de salida para las mercaderías brasileñas, y que planeaba construir una carretera del Amazonas a Georgetown. Por esas fechas fue enviado el general, José Horacio da Cunha García, a abrir una embajada en Guyana.[118]

Con la visita del canciller brasileño a Guyana en noviembre de 1971 avanzaron considerablemente los planes de los geopolíticos de la Escuela Superior de Guerra de establecer una "cabeza de puente" brasileña en el Caribe. En esta ocasión fue decidido ligar las rutas transamazónicas brasileñas con la carretera central de la antigua colonia británica. El canciller brasileño ofreció al gobierno guyanés la colaboración del Brasil en la construcción de la carretera Georgetown-Lethem, que empalmaría con la BR-174 que conecta Manaus-Caracarí-Bôa Vista, así como en la del puente necesario para ligar las dos carreteras. Asimismo, otorgó un crédito a Georgetown por seis millones de dólares guyaneses. Guyana, por su parte, permitió el establecimiento en el puerto de Georgetown de un puesto de depósito franco para las mercaderías exportadas e importadas por Brasil.[119]

La historia de las relaciones entre Brasil y Argentina desde la época colonial ha sido la historia de una lucha por el predominio en el área. En los tiempos de la estructuración de las nuevas naciones sudamericanas, Buenos Aires luchó por integrar un país que conservara las dimensiones del virreinato del Río de La Plata. El

---

[118] *New York Times*, 25 de noviembre de 1968.
[119] Véase *Documentos de política externa, op. cit.*, pp. 274-275.

Brasil independiente, por su parte, se esforzó por extender sus fronteras y buscó su seguridad en el desmembramiento del mismo virreinato. La anarquía política de Buenos Aires y la hábil política de Itamaraty llevaron a la actual y definitiva configuración de sus fronteras. El virreinato del Río de La Plata se desintegró. Brasil, que siempre aspiró a llegar hasta los límites de la parte navegable media e inferior de la cuenca del Plata, extendió notablemente su territorio a cuenta de los ex dominios españoles, pero lo que no obtuvo para sí, lo consiguió desligar (Paraguay y Uruguay) de lo que había de ser después la jurisdicción de la República Argentina.

Durante un largo período, esas sombras, rivalidades y sueños de predominio se han dejado sentir en las relaciones entre Argentina y Perú, en las del Brasil con Chile, así como en el juego pendular de Paraguay y Uruguay. En medio de este panorama, destacan tres factores que han estado presentes en las relaciones brasileño-argentinas: *1]* el recelo al predominio de una parte sobre la otra; *2]* el interés de las dos partes en tener a los Estados Unidos a su favor, y, finalmente, *3]* el interés de los Estados Unidos por entrar en dicho juego —basándose en el principio del "divide y vencerás"—, pero canalizándolo en favor de su estrategia de dominación en el sur del continente.[120]

Argentina también perdió parte de su territorio a ma-

---

[120] Una de las tácticas de dominación de los Estados Unidos en América del Sur es la de mantener la división y el antagonismo limitado entre Brasil y Argentina, que forman la coordenada de la política internacional del cono sur. Ante el incremento del nacionalismo o "disidencia" de una de las dos partes, Norteamérica beneficia a la otra, por lo que los dos países tienen cuidado de no enajenarse su amistad. Dada la existencia de buenas relaciones entre Brasil y los Estados Unidos en todo lo que va del siglo —excepción hecha del período populista—, mucho mejores que las argentino-norteamericanas, Brasilia ha recibido los mayores favores en todos los terrenos, pero no en grado suficiente para sentar su incontestable hegemonía en América del Sur.

nos de los brasileños. Una porción de la zona de Misiones, de una extensión de 25 mil kilómetros cuadrados, fue perdida definitivamente por Buenos Aires en virtud del fallo del presidente norteamericano Grover Cleveland en 1898. La penetración brasileña sobre el resto del territorio que no les fue asignado continúa hasta el día de hoy. Desde Puerto Iguazú hasta Bernardo de Irigoyen, en el sur de la provincia argentina de Misiones, el 90% de los habitantes son de origen brasileño, y la mancha poblada tiende a crecer todavía más.[121]

Una vez que Frondizi fue derrocado, la política argentina se planteó de nuevo sobre la base de una división tajante entre Occidente y Oriente, y de una afiliación sin reservas a la "civilización occidental y cristiana". En el régimen de Arturo Illía, el canciller Zavala Ortiz buscó la amistad del Brasil, también en manos de militares, admitiendo como inútil, y además imposible de cumplir, cualquier tentativa de liderazgo por parte de Buenos Aires, aunque no descuidó las buenas relaciones con sus vecinos, particularmente con Chile y Uruguay.

La preocupación de Illía y de Castelo Branco por la "subversión comunista" acercó a los dos gobiernos a un acuerdo, que se manifestó en la entrevista del canciller brasileño Leitão da Cunha con el presidente Illía en abril de 1965. En esta ocasión se acordó reforzar los lazos entre los dos países y adoptar una posición común en la reunión de ministros de Relaciones Exteriores de la OEA en Río de Janeiro que tendría lugar en el mayo próximo. También como muestra de amistad, los brasileños se negaron a permitir el paso de Juan Domingo Perón por su país en diciembre de 1964 en su regreso planeado a Argentina.[122]

El establecimiento del gobierno militar del teniente general Juan Carlos Onganía en la Argentina —surgido a raíz de un golpe de estado contra Illía— hizo emerger de nuevo los comentarios sobre el "eje argentino-bra-

[121] Prieto, *op cit.*, p. 16.
[122] *New York Times*, 21 de abril de 1965.

sileño". Se recordaba que, antes del golpe contra Illia, Onganía, entonces comandante en jefe del ejército, había proclamado con su colega brasileño, Artur da Costa e Silva, la doctrina de las "fronteras ideológicas", anunciando la decisión de las fuerzas armadas de ambos países de luchar juntos "contra cualquier agresión comunista, interna o externa, en Sudamérica".[123] Por otro lado, Onganía se entendió perfectamente con Castelo Branco en su preocupación por la seguridad como requisito indispensable para el desarrollo.

La efímera alianza brasileño-argentina daba muestras de desintegración a propósito de la fuerza militar latinoamericana que se encargaría de combatir en el plano de las armas a la "subversión comunista". La coincidencia de pareceres en el plano de la seguridad empezó a escindirse ya en tiempos de Castelo Branco. Mientras Brasil, con el canciller Juracy Magalhães a la cabeza, abogaba por la formación de una fuerza interamericana permanente, los militares argentinos elaboraban la fórmula de la institucionalización de la Junta Interamericana de Defensa.

Este plan suponía la coordinación integral de las fuerzas armadas para la "defensa continental", pero rechazaba la idea de la fuerza permanente, remplazándola por fuerzas *ad hoc* que se organizarían en su oportunidad por la decisión de la junta y que contaría con

---

[123] La visita oficial a Brasil realizada a fines de agosto y principios de septiembre de 1965 por el teniente general Juan Carlos Onganía, comandante en jefe del ejército argentino, produjo algunas declaraciones públicas por el visitante y por el ministro brasileño de Guerra, general Artur da Costa e Silva, acerca de 'la necesidad de unir sus fuerzas armadas frente a la "subversión comunista". Pero informes de Buenos Aires de que Onganía se había referido a un "acuerdo" produjo una nota del Ministerio de Guerra del Brasil que negaba la existencia de "cualquier acuerdo firmado" entre los dos ejércitos. "Hubo un entendimiento franco y leal con respecto a la necesidad de establecer procedimientos conjuntos para contener la subversión y la penetración comunista en América del Sur", decía la nota, *New York Times*, 5 de septiembre de 1965.

aportaciones voluntarias de todos los gobiernos nacionales. Esta variante no fue del agrado de los militares brasileños porque ya habían formado parte integrante de la fuerza interamericana en la República Dominicana, e incluso habían obtenido su comando.

La coincidencia político-militar se debilitó aún más durante la Conferencia de Cancilleres celebrada en 1966 en Buenos Aires para reformar la Carta de la OEA, por las mismas discrepancias sobre la institucionalización de la Junta de Defensa, y también por las diferentes posiciones asumidas frente a las guerrillas en Bolivia.[124]

El general Lanusse llegó a la Casa Rosada con la idea de reconquistar la antigua zona de influencia argentina —desde 1964 sistemáticamente penetrada por los militares brasileños—, así como de utilizar la diplomacia de su país para construir un muro de contención al crecimiento del Brasil sobre los otros vecinos del sur. La coyuntura para "tender el cerco hispanoamericano" al Brasil parecía favorable en ese momento: el gobierno de la Unidad Popular en Chile acababa de establecerse; en Bolivia el general Torres estaba en la presidencia y el crecimiento del Frente Amplio en Uruguay auguraba su victoria total. Así, entre junio de 1971 y fines de febrero de 1972, Lanusse entrevistóse con Salvador Allende de Chile, Guillermo Pacheco Areco de Uruguay, Alfredo Stroessner de Paraguay, Hugo Bánzer de Bolivia, Juan Velasco Alvarado de Perú, En-

[124] En Brasil bajo la presidencia de Costa e Silva pareció ceder terreno la intensa preocupación anterior por las cuestiones de seguridad ante la mayor concentración por el desarrollo económico. Los sondeos realizados por Argentina, durante los más peligrosos momentos de las guerrillas guevaristas en Bolivia, para una acción militar conjunta de auxilio al gobierno del presidente René Barrientos, encontraron oídos poco dispuestos a escuchar, y el gobierno proclamó públicamente que el problema de las guerrillas era de la exclusiva competencia de los ejércitos nacionales de cada país. "Los lazos económicos superan discrepancias", en *Visión: la revista interamericana*, vol. 33, núm. 13, 24 de noviembre de 1967, pp. 25-26.

rique Velazco Ibarra de Ecuador, Misael Pastrana Borrero de Colombia y Rafael Caldera de Venezuela.

Ansiosa de superar el nivel de la diplomacia brasileña, Argentina firmó el Acta de Salta y estableció fuertes lazos con los países del Pacto Andino. La cooperación entre Santiago y Buenos Aires fue estimulada por el mutuo interés comercial, que ascendía a 200 millones de dólares anuales. Se formalizó en el Acta de Santiago, que decía, entre otras cosas, que las bases fundamentales de las relaciones chileno-argentinas "son y serán el respeto por el principio de la no intervención en los asuntos internos y externos de cada estado, y el deseo de resolver los problemas por medios pacíficos". Además, mantenía que "ambos principios eran esenciales porque eran las bases del pluralismo político en la comunidad internacional".[125] Lanusse tomó la tesis de la "convivencia dentro del pluralismo ideológico" de los dirigentes chilenos, haciendo de ella una de sus principales banderas, con la que se propuso abatir las "fronteras ideológicas" de sus colegas de Brasilia.

Lanusse llevó su desafío a la capital misma del Brasil; allí lanzó sus conocidas andanadas contra la tesis de las "fronteras ideológicas" y rechazó el monopolio del liderazgo de América del Sur por Brasil:

Ningún país, por más importante que sea su desarrollo relativo en el continente, puede pretender por sí solo esta situación de influencia y, en tal sentido, pienso que tanto los empresarios del Brasil como los de Argentina deben estar persuadidos de la necesidad de vincular su propia perspectiva de crecimiento y evolución económica con la de los demás países hermanos del continente.[126]

[125] En este documento Lanusse afirmó que "la República Argentina está preparada para basar su política exterior sobre el amplio principio de la universalidad que excluye las restricciones de prejuicios y tabúes ideológicos".

[126] Del discurso de Lanusse en el Club Paulistiano, el 15 de marzo de 1972, citado en Borrat, Héctor, "Los acuerdos de Brasilia", publicado en *Marcha,* 24 de marzo de 1972, núm. 1586, p. 24.

El encuentro de Lanusse con Garrastazú Médici produjo escasos resultados positivos. En la declaración conjunta firmada al final de la visita del presidente argentino, los mandatarios destacaron los frutos de la entrevista, que se limitaron a varios acuerdos de cooperación en materia de comunicaciones.[127]

La misma debilidad política interna de la Argentina restó vigor a la embestida y no le resultó difícil a Itamaraty lanzar una fecunda contraofensiva. El canciller de Garrastazú, Mario Gibson Barbosa, respondió a Lanusse con una gira por todos los países del Pacto Andino (con excepción de Chile); en cada uno de ellos dejó planteadas una serie de ofertas de colaboración económica, financiera y técnica.[128]

La alineación incondicional de Bolivia con Brasil, por otro lado, dio un golpe severo a la influencia argentina. Tres meses después del golpe contra Torres, el candidato oficialista de Uruguay, Juan María Bordaberry, derrotó a la coalición izquierdista del Frente Amplio. Finalmente, Perú se mostraba renuente a establecer un eje diplomático con Santiago y Buenos Aires.

[127] Los dos presidentes firmaron acuerdos relativos a:
1] El estudio de la construcción de un puente sobre el río Iguazú.
2] Estudios para el establecimiento de un programa general de cooperación en materia de comunicaciones.
3] Estudios de interconexiones fronterizas de los sistemas carreteros de ambos países.
4] La eliminación de la doble imposición en materia de transporte automotor terrestre.
5] La creación de la comisión mixta argentino-brasileña para uso y conservación de puentes internacionales.
6] La coordinación entre las autoridades de los dos países para favorecer y aumentar el turismo.
También ambos presidentes tomaron nota "con satisfacción" del convenio firmado entre las empresas Agua y Energía Eléctrica E. N. y Centrais Eletricas Brasileiras, S. A. —Electrobrás— para el estudio conjunto de los tramos limítrofes del río Uruguay y de su afluente el río Pepirí-Guazú. La declaración conjunta se encuentra en *Documentos de política externa*, VI, *op. cit.*, pp. 84-86.

[128] Prieto, *op. cit.*, p. 11.

Consecuentemente, Argentina moderó su presencia en el área, tendencia que se acentuó con la llegada de las elecciones presidenciales de 1973. La victoria del peronismo fue recibida con negros augurios en Brasil. El oficialista *Jornal do Brasil* se expresó así de ella: "La ascención de los peronistas al poder significará el retorno a las prácticas demagógicas al estilo de su jefe y un aumento de las hostilidades hacia Brasil, es lo que afirman círculos diplomáticos en Brasilia."[129]

Como era de esperarse, el deterioro de las relaciones argentino-brasileñas continuó en el segundo período de Perón. El 18 de febrero de 1973, la cancillería argentina anunció que no ratificaría el Tratado de Pesca firmado con el Brasil en 1967, lo que representó un duro golpe a la flota brasileña del sur que realizaba operaciones dentro de las 200 millas de aguas jurisdiccionales argentinas, y que su país se oponía a las pretensiones brasileñas sobre una parte del territorio antártico que reputaba como suyo, alegando los derechos que se derivaban de la "confrontación de los meridianos correspondientes a Martín de Souza y Arroyo Chuy". Según los brasileños, Brasil tiene derecho a una extensión aproximada a los 500 mil kilómetros cuadrados de territorio antártico. Para completar los actos declaratorios con ocupación efectiva, desde hace varios años se ha venido preparando una expedición científica civil, con apoyo militar.[130] Finalmente, el presidente Cámpora anunció su decisión de usar las armas, si fuese necesario, contra los países que atentaran contra la integración pacífica de las naciones latinoamericanas, anuncio obviamente dirigido contra el Brasil.[131]

Un punto importante de la estrategia continental de Argentina fue el mejoramiento de las relaciones con Paraguay, Uruguay, Perú, Panamá y Venezuela. Chile, por otra parte, al alinearse con Brasil a partir del golpe

[129] *Jornal do Brasil*, 16 de marzo de 1973.
[130] Prieto, *op. cit.*, p. 17.
[131] González Aguayo, *op. cit.*, p. 137.

militar de 1973, dejó de ser uno de los pilares de la geopolítica argentina en el cono sur. La nueva presencia de Perón en el gobierno argentino produjo un reacercamiento con Paraguay después de años de frías relaciones comerciales y políticas. En unos cuantos meses Argentina se convirtió en el comprador número uno de los productos paraguayos y su mayor vendedor de bienes. Por otro lado, Argentina concedió un crédito por 20 millones de dólares al gobierno Stroessner para la compra de bienes de capital y bienes de consumo durable. La creación de compañías binacionales como medio de estabilizar las relaciones económicas entre los países latinoamericanos desempeñó un importante papel en esta estrategia. Argentina y Paraguay acordaron construir tres empresas conjuntas: una planta de manufactura de celulosa, una fábrica de cemento y una planta de aluminio.[132]

Una de las mayores preocupaciones del segundo gobierno Perón fue la puesta en marcha de la planta Yaciretá para la generación de energía eléctrica sobre el Paraná y en sociedad con Paraguay. Este sueño largamente acariciado por la Casa Rosada tiene una doble importancia: como fuente adicional de generación de energía eléctrica para Argentina y como instrumento geopolítico para contrarrestar las acciones brasileñas sobre el río Paraná. Debido a la muerte de Perón y a las subsecuentes dificultades del gobierno peronista que culminaron con su derrocamiento, así como a problemas técnicos, el plan sufrió un estancamiento temporal.

El cambio de actitud hacia Uruguay se manifestó en la firma de un tratado de límites sobre el río de La Plata y la inyección de nuevos ímpetus para formar el proyecto argentino-uruguayo de la presa de Salto Grande sobre el río Uruguay. Este proyecto sería financiado con préstamos del Banco Interamericano de Desarrollo y con créditos de la Unión Soviética a Argentina para la compra de equipo y herramientas. La prioridad otorgada a las presas de Salto Grande y Yaci-

[132] "Brazil: the continental strategy", *op. cit.*, p. 7.

retá-Apipé ayudaron a reafirmar la influencia que Argentina había perdido en Paraguay y Uruguay durante los años del gobierno militar.[133]

La nuclearización del Brasil y Argentina ha puesto un nuevo ingrediente a la lucha subimperialista de estos dos países. La crisis energética se ha convertido hoy por hoy en un factor crucial en el crecimiento y la influencia futura del Brasil; que a pesar de ser el tercer país más grande del continente, es de los más privados de los indispensables carburantes fósiles. Esta circunstancia, como lo apuntamos en otra parte de nuestro trabajo, es la justificación principal del inmenso programa nuclear en el que Brasil se ha embarcado.

La explosión nuclear india de mayo de 1974 tuvo un gran impacto tanto en Brasil como en Argentina. A partir de esta fecha, se hizo tema común de sus gobiernos especular sobre cuál de los dos países sería el primero en hacer la bomba atómica. Un artículo de la conocida revista argentina *Estrategia* saludó la explosión haciendo notar "cómo un país subdesarrollado y tecnológicamente dependiente podía alcanzar objetivos basados en forma exclusiva en su apreciación de las prioridades de la defensa nacional". El mismo artículo agregó:

Las proyecciones del crecimiento demográfico del Brasil ponen a la Argentina en una desventaja que tenderá a ensancharse marcadamente en los próximos treinta años. A pesar de todas las distorsiones de su desarrollo, Brasil se convertirá en una potencia importante, originando que Argentina, si no adopta políticas pertinentes, encuentre dificultades cada vez mayores para superar a Brasil o aun mantener una situación de equilibrio relativo... Argentina está, por el momento, adelante en tecnología nuclear. El reactor atómico de Atucha, que utiliza uranio natural y el proyecto de Río Tercero aseguran a Argentina la ventaja en el mediano plazo... Tanto Brasil como Argentina son teóricamente capaces de producir una bomba atómica.[134]

[133] *Ibid.*, p. 22.
[134] Garasino, Luis, "Explosión atómica en la India: proyección eventual en América Latina", en *Estrategia,* mayo-junio de 1974, pp. 91-97.

Argentina, con sus reservas propias de uranio, un gran conjunto de recursos humanos preparados en cuestiones atómicas y una base industrial relativamente avanzada, pudo ponerse a la vanguardia latinoamericana en el diseño de un programa de energía nuclear. En 1958 Argentina se convirtió en el primer país de América Latina en operar un reactor experimental. En 1968 su Comisión de Energía Atómica instaló un procesador químico —en escala piloto— para recuperar el plutonio a partir de la "basura nuclear" y en 1974 puso en operación la primera planta de potencia nuclear.

En febrero de 1968 la Comisión Nacional de Energía Atómica argentina anunció que había seleccionado a la empresa Siemens de Alemania Federal entre 17 licitadores de cinco países para construir la planta de potencia nuclear Atucha I. Aunque los postores norteamericanos habían ofrecido más que los alemanes, los argentinos prefirieron un sistema que usara uranio natural, pues los posibilitaría para utilizar sus propias reservas sin controles internacionales obligatorios.

Las implicaciones militares de la decisión de Argentina de construir una planta de potencia nuclear con uranio natural no fueron ignoradas por los brasileños. Ya a principios de 1974, cuando Atucha I se preparaba a entrar en funcionamiento, un ingeniero nuclear publicaba en la revista militar oficial del Brasil:

> El pueblo brasileño necesita estar más orgulloso de su país por razones más serias que el futbol y el carnaval. El prestigio internacional es, evidentemente, un objetivo nacional... La correspondencia entre seguridad y desarrollo es bien conocida. Indudablemente, será imposible ser una potencia sin la protección militar necesaria. Un simple acuerdo como Itaipú sería imposible si uno de nuestros vecinos tuviera 20 kilos de plutonio.[135]

[135] Montiero de Castro, Elvé, "A energia nuclear no Brasil", en *A defensa nacional*, enero-febrero de 1974, p. 63, citado por Gall, Norman, "Atoms for Brazil, dangers for all", en *Foreign Policy*, núm. 23, verano de 1976, pp. 155-201.

La intención argentina de construir una planta reprocesadora de plutonio a partir de 1979 alarmó a los Estados Unidos y provocó que Brasil decidiera acelerar e incrementar su programa nuclear original. El plutonio, como sabemos, es el principal material para fabricar bombas nucleares y Argentina lo ha producido durante varios años. Ahora, cuando las relaciones entre este país sudamericano y los Estados Unidos atraviesan por un período crítico a causa de la falta de cumplimiento a la política de los derechos humanos del presidente Carter por el régimen militar, Buenos Aires se encuentra en condiciones de aprovechar el distanciamiento para llevar el programa atómico hasta sus últimas consecuencias. Brasil, por su parte, seguiría sin duda el mismo camino. Si Argentina se convierte en una potencia nuclear, la rivalidad antigua entre ambas naciones podría convertirse en factor peligroso en las relaciones internacionales del área. Los dirigentes del plan nuclear del Brasil han declarado que ellos también pueden estar, en breve, en posición de hacer sus propias bombas atómicas si es necesario.[136]

RELACIONES BRASIL-PAÍSES AFRICANOS Y PORTUGAL

Fue el régimen populista el primero que emprendió acciones tendientes a edificar la alianza política y económica entre Brasil y los países africanos, particularmente con aquellos que se encontraban en la órbita imperial portuguesa. Esta aproximación, no exenta de timidez y cautela, revelaría sus alcances una vez que los nuevos gobernantes militares hubieran señalado al continente negro como tierra de promisión para los designios brasileños de grandeza.

Las estrategias de entrada del Brasil al continente africano implementadas por el gobierno castrense han

[136] Neilson, James, "Alarma a EU y Brasil que Argentina proyecte edificar una planta reprocesadora de plutonio", en *Excelsior*, 10 de noviembre de 1978.

sufrido modificaciones sensibles: de utilizar a Lisboa como puente entre sus colonias y Brasilia, con el apoyo al colonialismo portugués y el respaldo limitado a la creación de la "comunidad luso-brasileña", se pasó a la búsqueda de la comunicación directa con las naciones negras con la valiosa ayuda del lenguaje anticolonialista e independentista que a muchos hizo recordar los discursos africanistas de Quadros y Goulart. Los objetivos de ambas fórmulas, sin embargo, han sido exactamente los mismos, esto es, ganar mercados para los productos brasileños de exportación —sobre todo de manufacturas— y conseguir fuentes de materias primas para alimentar el aparato industrial creciente del Brasil, en especial de hidrocarburos.

La penetración brasileña en África ha tenido tres frentes: Sudáfrica,[137] los países africanos cuya independencia más tardía tuvo lugar en la década de 1960, y las ex colonias portuguesas del Angola, Mozambique y Guinea-Bissau.

La gran ofensiva empezó en 1968, cuando Brasil estableció relaciones diplomáticas con la República Democrática del Congo, Sudán, Costa de Marfil, Zambia y Uganda.[138] Cuatro años después, el canciller Gibson Barbosa inauguró la segunda parte con su visita por ocho naciones africanas de la costa atlántica central: Nigeria, Senegal, Camerún, Zaire, Ghana, Togo, Da-

[137] Brasil y África del Sur mantuvieron buenas relaciones en la década pasada. Las empresas aéreas Varig y South African Airways realizaban dos vuelos semanales entre Río de Janeiro y Johannesburgo y la Volkswagen brasileña proveía "know-how" y capital para la construcción del vehículo Audi de aquel país. Es importante destacar que Sudáfrica, por su posición estratégica, por su pujanza económica y por haber desempeñado el papel de baluarte anticomunista en la parte sur del continente africano, fue contemplada originalmente como uno de los pilares de su geopolítica en el Atlántico Sur.
[138] Véase *Documentos de política externa 1968-1969*, vol. III, *op. cit.*, p. 23 y 85, y *Documentos de política externa (del 31 de outubro de 1969 a 21 de dezembro de 1970)*, vol. IV, *op. cit.*, p. 26.

homey y Costa de Marfil. El viaje de Gibson —se dijo en forma oficial—, trataba de "afirmar la presencia del Brasil en el mundo, al nivel de una nueva potencia". Ahora el turno correspondía a los "vecinos del este":

> Paralelamente al proceso de estrechamiento de los lazos que nos unen a los países americanos, la diplomacia brasileña ha vuelto su cara a otras regiones del mundo en desarrollo, partiendo de un nuevo concepto, más dinámico, el de la vecindad. Ahora Brasil pone atención a su frontera este, donde están los países africanos, de los cuales está apartado tan sólo por los caminos fáciles del océano.[139]

El gobierno brasileño planteó el acercamiento con África como la recuperación de un vínculo que había florecido en la época del imperio que acabó por destruirse merced al proceso colonizador inglés. Así pues, el año de 1972 fue considerado el del renacimiento de la unidad casi olvidada.

Los intereses comerciales se adornan con motivaciones histórico-culturales cuando Gibson Barbosa justifica su itinerario:

> Estos países son los que mayor contacto tuvieron con Brasil en el pasado. Naturalmente, fueron también elegidos entre aquellos con los cuales tenemos establecidas relaciones diplomáticas. Los gobiernos de todos ellos me invitaron apenas conocieron nuestra intención de dinamizar las relaciones con África. De muchos de estos países, Brasil ha recibido extensos contingentes humanos en el origen de su formación. Por otra parte, se trata de países de capital importancia en el contexto político-económico africano. Todos sabemos de la gran influencia cultural del Senegal y de Dahomey en África. Nigeria, por su parte, ha influido muchísimo en la formación de la cultura brasileña, y sobre todo en los hábitos de Bahía. En Nigeria, Togo, Dahomey y Ghana todavía pueden identificarse las influencias culturales del Brasil. El Zaire posee una de las mayores reservas mundiales de minerales nobles y

[139] Médici, Emilio Garrastazú, *Mensagem ao Congresso Nacional 1975*, Brasilia, Brasil, 1979, p. 147.

está en una fase de intenso desarrollo económico. La Costa de Marfil es nuestro principal socio africano en el intento de disciplinar los mercados del café, y junto con Nigeria, Camerún y Togo tratamos de poner orden en el mercado del cacao.[140]

El canciller Gibson Barbosa explicó todavía que con el viaje se trataba de ganar mercados tanto para las exportaciones como para las importaciones del Brasil. Los ocho países sumaban por entonces un total de 112 millones de habitantes y presentaban fachadas atractivas para el gobierno de Brasilia. Producían petróleo (Nigeria ha sido tradicionalmente el segundo productor africano después de Libia), columbita, circonio, fosfatos, cobre, cobalto (Zaire era el mayor productor del mundo) y los demás minerales nobles. Brasil, por su parte, estaba en condiciones de ofrecerles todo tipo de bienes de capital, servicios públicos, asistencia técnica y maquinaria apropiada a las condiciones geográficas del continente. En ese momento la Loyde brasileña ya había creado una base para el intercambio comercial, con el establecimiento de una línea de navegación directa entre Brasil y esos países africanos. La gira de Gibson fue sumamente exitosa, pues de ella salieron numerosos acuerdos de cooperación económica, comercial, cultural y técnica entre Brasil y los países africanos.[141]

[140] Citado en Borrat, Héctor, "Brasil a los cuatro vientos", *op. cit.*, p. 14.
[141] Los acuerdos se encuentran en *Documentos de política externa*, VI, *op. cit.*, pp. 284-399. La importancia del viaje pionero de Gibson Barbosa puede verse en el crecimiento de los intercambios comerciales entre Brasil y esos países. En 1972, el volumen de negocios en ambas direcciones era de 250 millones de dólares. En 1973, las negociaciones alcanzaron a 350 millones de dólares, en virtud de diversos acuerdos bilaterales. Al finalizar el año, la Cámara de Comercio afro-brasileña organizó y condujo la primera misión comercial brasileña en los países africanos. La misión recorrió nueve países y estuvo compuesta por cuarenta empresarios, que representaron a 72 empresas de todos los sectores, además de una pequeña exposición

La política brasileña del presidente Geisel hacia África está expresada con nitidez en su informe al congreso correspondiente a 1975:

> La presidencia de la República, al inicio del mandato actual determinó que se prestara atención prioritaria a las relaciones del Brasil con las naciones africanas. Dentro de esta orientación, el gobierno se empeñó en una política revigorizada de acercamiento tanto con los países independientes, como con los territorios no autónomos del continente africano. Esa política, inspirada en el principio de la autodeterminación, contiene un elemento ético fundamental: el repudio a todas las formas de colonialismo y la odiosa práctica de la discriminación racial y del "aparteísmo".[142]

En noviembre de 1975 el nuevo canciller brasileño Antonio Azeredo da Silveira visitó Senegal, oportunidad en la que se reafirmó la posición brasileña en cuanto al problema de la descolonización. Durante su permanencia en Dakar, el diplomático reunióse con todos los jefes de las misiones diplomáticas brasileñas en África en una conferencia en la que fueron analizadas las perspectivas de las relaciones entre Brasil y África Subsahárica.

A los pocos días, una misión brasileña viajó a Dar-es-Salaam, Kinshasa y Luanda y en esta última ciudad se entrevistó con los líderes de los movimientos de liberación nacional de Angola y Mozambique y en donde se les reiteró a los futuros gobernantes de las nuevas naciones africanas que Brasil les ofrecía de antemano la cooperación y asistencia que fuera posible. En este punto es menester apuntar que Brasilia estableció vínculos con el Movimiento Popular para la Liberación de

ambulante mediante la cual los productos brasileños fueron expuestos en los salones de los grandes hoteles. Al año siguiente, el volumen de negocios llegó a 1 114 millones de dólares. Lucena, Luiz Carlos, "Brasil descubre al África", en *Visión: la revista interamericana*, vol. 50, núm. 9, 21 de abril de 1978, p. 7.

[142] Geisel, Ernesto, *Mensagem ao Congresso Nacional 1975*, Brasilia, Brasil, 1975, p. 147.

Angola (MPLA), de Agostinho Neto, cuando éste controlaba apenas algo menos de la mitad del territorio angoleño. Por otro lado, Brasil fue el primer país del mundo occidental que reconoció al gobierno de Neto, cuando el desenlace de la lucha entre las diferentes facciones independentistas estaba todavía lejos de llegar. Simultáneamente, la delegación brasileña en las Naciones Unidas apoyaba numerosas resoluciones en materia de descolonización, particularmente las referentes a Namibia y Rhodesia. Brasil también participó en la iniciativa que establecía bases concretas para la asistencia en el campo económico, financiero y técnico por parte de los organismos especializados de la ONU a los territorios ya independientes de la administración portuguesa.[143]

El presidente Geisel aprovechó plenamente las oportunidades de penetración en el continente africano una vez que Brasil se desató de su compromiso "sentimental" con Portugal y del apoyo limitado a la presencia de Lisboa en sus ahora ex colonias. De modo inesperado, la Revolución de los Claveles de 1974 echó por tierra el principal obstáculo a la comunicación directa entre Brasil y los países negros de habla lusitana. Así, la política exterior brasileña dirigió sus cargas en la dirección africana, con la ayuda de una inteligente estructura diplomática y económica dirigida en la cúspide por el ministro Azeredo da Silveira y operada por el experto funcionario Italo Zappa, antiguo participante en la representación de Brasilia en la Organización de Estados Americanos (OEA).

Hay que dejar en claro que la *realpolitik* brasileña exhibida en el caso africano, y particularmente en las relaciones con los movimientos de liberación nacional de Angola y Mozambique, se hizo acompañar de una explicación que atemperara la acusación de que Brasil estaba comprometido con una embestida de la Unión Soviética en África, en detrimento de la posición occi-

[143] *Ibid.*, p. 148.

dental. En un principio, el canciller Azeredo da Silveira hizo cuestión de gabinete aclarar que su país, al apoyar los movimientos de liberación de África, de ningún modo se alineaba con las posiciones ideológicas que inspiraban al gobierno del MPLA en Angola. En su discurso de apertura de la vigesimonovena Asamblea General de las Naciones Unidas, en septiembre de 1974, el ministro aclaró que cualquier acción de Itamaraty sería emprendida "exclusivamente en función de objetivos claramente identificados y aceptados por el pueblo brasileño".[144]

Desde principios de su gobierno, el presidente Geisel entró en transacciones comerciales con una docena de países de todo el continente negro, estableció embajadas en la mayoría de ellos, ofreció créditos y asistencia técnica y sentó las bases para un intercambio económico permanente. Brasil, por otro lado, fue de los primeros países en establecer relaciones diplomáticas con todos los países de lengua portuguesa que alcanzaron su independencia en 1975: Cabo Verde, São Tomé-e-Principe, Mozambique y Angola. Igualmente, a principios de 1976 se estableció la embajada del Brasil en Guinea-Bissau. La relación cada vez más estrecha del Brasil con los países africanos se ha manifestado en los intercambios de visitas oficiales, como la del presidente de Gabón, de los cancilleres de Kenya, Guinea-Bissau, Lesotho y Zambia, además de las de otros personajes en visitas a niveles ministerial y técnico. El canciller brasileño emprendió un viaje a Costa de Marfil, con buenos resultados para el intercambio bilateral y el desarrollo de actividades similares en relación a otros países de la costa occidental africana. Con el apoyo gubernamental, tiene una expansión significativa la exportación de servicios de empresas brasileñas, como lo atestiguan, por ejemplo, las obras de construcción civil en Mauritania y de telecomunicaciones en Nigeria, ejecutadas por firmas brasileñas.[145]

[144] Lucena, Luiz Carlos, *op. cit.*, p. 7.
[145] Véase *Resenha de política exterior do Brasil*, Ministério

Nigeria, Gabón y Angola son hoy por hoy los mayores socios comerciales del Brasil en el continente africano. El comercio con Nigeria, que comprende desde ómnibus eléctricos, vehículos desmontados, motoniveladoras, barras de hierro, fogones de cocina, artesas, calzado de cuero, ropa, etc., tiene las cifras más elevadas. A cambio, Brasil recibe cantidades importantes de petróleo. Gabón es otro país proveedor del hidrocarburo para el gigante sudamericano, al grado que sus ventas ascienden al 90% del intercambio comercial total. Después viene Angola, fuerte comprador de productos brasileños. Este país elevó sus importaciones del Brasil de 6 millones de dólares en 1975, a 22 millones al año siguiente, y a fines de 1977 a los 50 millones de dólares, que incluyeron la compra de veinte barcos de pesca y camiones pesados. Vale señalar que Brasil concretó en Luanda la adquisición de 20 mil barriles diarios de petróleo, y logró interesar a las autoridades angoleñas para que Braspetro (la empresa internacional de Petrobrás) participara en las tareas de búsqueda y extracción de hidrocarburos en su territorio. De esta manera, Brasil ha contemplado a varios países de África negra como alternativas viables para resolver su déficit energético, con una perspectiva diferente a la que tienen las otras naciones de desarrollo similar.

Mozambique también aumentó considerablemente su comercio con Brasil; de poco más de un millón de dólares que se importaba en el año de 1975, este país aumentó sus compras a 4 millones en 1976, debiendo comprar cerca de 40 millones de dólares en 1977. Mozambique compró en este último año 17 barcos de pesca, además de una flotilla de 600 tractores agrícolas, lo que explica el impulso de las ventas en tan breve período.[146]

La avanzada diplomática y comercial del Brasil en África ha estado debidamente apoyada por una estruc-

das Relações Exteriores, enero-marzo de 1976, *op. cit.*, pp. 10-11.

[146] Véase *Resenha de política exterior do Brasil, op. cit.*, p. 83 y pp. 69-70.

tura financiera en los negocios bilaterales. El Banco del Brasil se asoció recientemente con la Unión de Bancos Suizos y compró el 48% de las acciones de la Banque Internationale pour L'Afrique Occidentale (BIAO), el banco más adelantado del mundo financiero africano. Con más de 120 unidades en África, la red de agencias y participaciones de la BIAO sirve a 13 países del África Occidental en un área de más de 8 millones de kilómetros cuadrados con una población que pasa de 150 millones de habitantes. Un grupo particular, el Banco Real, también se instaló en Costa de Marfil con el nombre de Banque Real de Cote D'Ivoire, que inició sus actividades en julio de 1978. Uno de los objetivos del banco, según Juares Soares, director de Comercio Exterior, es que esta primera unidad del grupo sea un vehículo eficaz para incrementar el comercio exterior brasileño con el continente africano.[147]

La victoria del MPLA en 1976 alarmó a los sectores militares más reaccionarios de Argentina, Brasil, Chile, Uruguay y Sudáfrica, que contemplaron la posibilidad de que buques de guerra soviéticos con base en Angola dominaran la ruta de transporte de los abastecimientos petrolíferos provenientes del Golfo Pérsico. Y no sólo es la ruta del petróleo: la región sudatlántica es el paso obligado para el traslado del cobre de Zaire, el hierro y el manganeso de Gabón, el cromo y el oro de Sudáfrica y productos varios de Brasil y Argentina.

El 7 de abril de 1976 se reunieron en la base argentina de Puerto Belgrano representantes navales del Brasil, Argentina y los Estados Unidos para discutir "la importancia estratégica adquirida por el Atlántico Sur y la hegemonía marxista en Angola" y estudiar la posibilidad de crear un organismo internacional de defensa de la región marítima, que se llamaría Organización del Tratado del Atlántico Sur (OTAS). Meses después, en agosto, se celebró en Río de Janeiro la VIII Conferencia Naval Interamericana, a la que asis-

[147] Lucena, Luiz Carlos, *op. cit.*, p. 12.

tieron delegados de las marinas de guerra de Argentina, Bolivia, Brasil, Chile, Ecuador, Paraguay, Perú, República Dominicana, Uruguay y Venezuela, además de observadores de los Estados Unidos, Canadá y la Junta Interamericana de Defensa, que trataron, entre las cosas más importantes, la cuestión del Atlántico Sur. Pocos días más tarde, la prensa informó que el almirante James Johnson, jefe de la marina sudafricana, había estado presente en las maniobras navales conjuntas argentino-norteamericanas, a invitación del comando general de la armada argentina.

Ya para ese entonces Brasil estaba plenamente convencido del peligro de un compromiso con el régimen de Pretoria en la OTAS, por lo que se esforzó por desvincularse del proyecto de la manera más razonable. La diplomacia brasileña, haciendo gala de buen entendimiento de sus verdaderos intereses a largo plazo, ha expresado que mientras Sudáfrica siga siendo objeto del aislamiento internacional que resulta de su régimen de segregación racial, Brasil debe evitar cualquier lazo, en cualquier forma, so pena de enajenarse la amistad con los países negros penosamente ganada.[148]

[148] El 22 de septiembre de 1976, en una charla con periodistas, el ministro Antonio Azeredo da Silveira negó terminantemente que su país pensase integrar una alianza con Sudáfrica; "Es completamente absurdo" —afirmó— "no hay posibilidad alguna de que eso suceda... porque ninguna organización de países se asociaría con Sudáfrica." El jefe de la diplomacia brasileña agregó luego: "El día que Sudáfrica resuelva su problema racial, se convertirá en un país extremadamente importante en la comunidad de naciones. Pero hasta entonces carecerá de las condiciones para ser el centro de un acuerdo como la supuestamente llamada OTAS." Citado en Wacksman Shinca, Daniel, "El proyecto de la OTAS", en *La guerra y la paz, Nueva Política*, vol. II, núms. 5-6, abril-septiembre de 1977, p. 340. Por otra parte, cuando el canciller Azeredo da Silveira visitó Senegal, en noviembre de 1975, un periodista le preguntó: "Usted dice que su país no es racista. Entonces, ¿cómo puede mantener relaciones diplomáticas con Sudáfrica, que sustenta la doctrina del *apartheid?* Silveira respondió que Brasil era totalmente contrario al *apartheid* y

Un hecho trivial dio pretexto al Brasil para poner una distancia conveniente entre él y Sudáfrica. A principios de 1976 iba a tener lugar una competencia de yates por la ruta Ciudad del Cabo-Río de Janeiro y unos días antes de iniciarse, el gobierno de Brasilia prohibió que atracaran los 148 barcos que representaban a 18 diferentes países, decisión que condujo a que se cancelara esta carrera de 6 300 km. El ministro sudafricano de Relaciones Exteriores, Hilgard Müller, describió la acción brasileña como "muy molesta" y llamó a su embajador en Brasilia para realizar consultas por tiempo indefinido.[149]

Las relaciones entre Brasil y Portugal tienen como base la existencia de fuertes lazos histórico-culturales, que se reflejan sensiblemente en el tono de la política interna y externa de Brasilia. Así, la amistad con Portugal fue uno de los símbolos usados por los políticos brasileños para fortalecer una política interna conservadora; la oposición a Portugal y a sus políticas coloniales representaron un instrumento ideológico para movilizar nuevos sectores en la actividad política o para asegurar nuevos mercados africanos para las exportaciones brasileñas. La política exterior independiente tenía el tema de la descolonización como uno de los puntos principales de la política populista, y se refería básicamente a la descolonización de los territorios ocupados por Portugal. Los militares brasileños en un principio se plegaron sin condiciones a la manera en que Salazar y Caetano conducían sus políticas coloniales; sin embargo, con el paso del tiempo la posición fue tomando otros cursos, hasta llegar al apoyo de la independencia de los territorios portugueses de ultramar.

Durante casi todo el período militar, hasta la caída

---

que había elevado su legación en Pretoria a la condición de embajada siguiendo una tendencia mundial, pero que apenas mantenía un encargado de negocios en Sudáfrica. Lucena, *op. cit.*, p. 8.

[149] *Facts on File,* vol 36, núm. 1935, 10 de enero de 1976, p. 11.

del régimen de Caetano, la idea de la "comunidad luso-brasileña" representó el conjunto que englobaba el futuro de Portugal y sus colonias, y en cierta medida, también del Brasil. El hecho de que éste, en un desplante de sagacidad política, no se hubiera prestado al juego portugués, alejó todas las posibilidades de que cristalizara un nuevo bloque internacional que pretendía constituirse en potencia del Atlántico Sur.

El gobierno de Salazar propuso el desarrollo de una comunidad lusitana que comprendiera a Portugal, Brasil y África portuguesa. El ministro del Exterior, Franco Nogueira, anunció en 1965 que su gobierno había llamado a Brasil a una unión con Portugal "en acción común para la garantía y la defensa de sus respectivos patrimonios". Estas proposiciones, hechas por Franco Nogueira en pláticas privadas con los líderes brasileños en Río de Janeiro, representaron una modificación significativa de la política de Lisboa frente a sus posesiones africanas. Portugal firmó un Tratado de Amistad y Consulta con Brasil en 1964, pero nunca fue cabalmente implementado, pues Brasil objetó con firmeza la negativa de Portugal de incluir a sus territorios africanos en el acuerdo. Las fronteras de la comunidad propuesta se extenderían de Brasil a las Islas Azores, a las costas de Angola y Mozambique, así como a Portugal. "Esta comunidad con más de cien millones de habitantes podría desempeñar un papel importante en el Atlántico Sur y podría ser una potencia mundial", dijo Alberto Franco. En esa ocasión el gobierno brasileño se declaró en favor de la propuesta de Portugal, aunque mostró "interés y comprensión", dijeron fuentes oficiales.[150]

La insistencia portuguesa llegó más tarde, y la portaba el premier Marcelo Caetano. En una cena oficial dada por el presidente Costa e Silva en Brasilia en el primer día de su visita, dijo el doctor Caetano:

---

[150] *New York Times*, 6 de agosto de 1965.

Brasil y Portugal son países atlánticos. Y si la costa brasileña constituye una de las posiciones esenciales para garantizar la seguridad del océano en el Atlántico Sur, no puede ser olvidado que la seguridad también tiene posiciones clave en Cabo Verde, en Guinea Portuguesa, en São Tomé y en Angola.[151]

Los territorios que nombró Caetano, junto con Mozambique en la costa oriental de África, eran los remanentes de un imperio colonial que incluyó al Brasil hasta 1822. En el momento de la declaración, Angola, Mozambique y Guinea Portuguesa eran campos de batalla entre tropas regulares de la metrópoli y movimientos de liberación nacional. Por tanto, el premier no vio otra alternativa que tratar de convencer al gobierno militar del Brasil a que se uniera en la defensa de los territorios africanos de Portugal. El canje propuesto también tenía otros aspectos: Portugal, miembro del área europea de libre comercio, podría ser una puerta de entrada del Brasil a Europa, además de que podría aprovechar las oportunidades de explotación de las colonias portuguesas junto con la metrópoli. Un comunicado conjunto mencionó los acuerdos comerciales para expandir los intercambios entre las dos naciones y los planes para estudiar las posibilidades de establecimiento de puertos libres en cada país y de empresas binacionales de inversión. En lo que se refiere a la materia política, el comunicado fue bastante vago, pues decía que Brasil y Portugal "intensificarían el intercambio de información y consulta".[152]

En 1972 los portugueses volvieron a la carga con la mencionada comunidad lusitana. Durante la visita del presidente de Portugal, Américo Tomás, a Brasil, se volvió a hablar del tema. Afirmó el presidente portugués en esa ocasión:

---

[151] *New York Times,* 9 de julio de 1969.
[152] Véase *Documentos de política externa 1968-1969, op. cit.,* p. 245.

Brasil, con su enorme territorio, su considerable y creciente población, sus riquezas naturales, su moderna industria, su dinamismo económico, su cultura prestigiosa, su peso en el concierto mundial, constituye una poderosa unidad política con incuestionada posición de relieve entre las grandes potencias. A su vez, Portugal europeo y ultramarino está hoy entregado a una obra cuya grandeza es dictada por las responsabilidades de nación creadora de naciones, cuna de una cultura profundamente humana y siempre viva... Por eso, la comunidad luso-brasileña, materializando un ideal de unidad de dos naciones vinculadas durante siglos por lazos fraternales, significa la defensa de los intereses y posiciones específicos de las dos partes.[153]

La respuesta tácita del Brasil, quien ya preveía el desenlace final de las luchas coloniales, fue negativa. En esos momentos se implementaba ya una nueva política africana, que prescindía de Lisboa. Con la visita de Américo Tomás pasó a tener vigencia la "convención sobre igualdad de derechos y deberes entre brasileños y portugueses". Por la misma, los naturales de los dos países, sin pérdida de sus respectivas nacionalidades, y sin caer en la conocida fórmula de la doble nacionalidad, pasaban a usufructuar los derechos que cada una de las partes contratantes reconocía a sus propios naturales. La medida benefició a más de 600 000 portugueses radicados en Brasil, y a cerca de 10 000 brasileños residentes en Portugal y sus colonias.

Dos años antes, en julio de 1970, el canciller Gibson Barbosa había visitado Lisboa. En esa ocasión se firmaron varios acuerdos con Portugal, entre los que destacan el de la unión de los bancos brasileños con el Banco del Algarve y con el Banco Portugués; la apertura de "puertos libres" para Brasil en Lorenzo Marques, Angola, Mozambique y Lisboa; la creación de un servicio mensual de la línea brasileña Loyde con los puertos de Angola y Mozambique, así como la firma de un acuerdo para la explotación del petróleo angoleño

[153] *Jornal do Brasil*, 25 de abril de 1972.

con Braspetro y el financiamiento de la construcción de una refinería de petróleo en Luanda por Brasil.[154]

El golpe de estado portugués de abril de 1974 creó gran inquietud en los círculos militares brasileños, porque parecía que iba a permitir que la política exterior del Brasil podría ser plenamente pro-portuguesa y pro-África negra. El país sudamericano fue el primero en reconocer al gobierno resultante de los acontecimientos del 25 de abril, por lo que existían grandes esperanzas en Brasilia de renovar las tradicionales buenas relaciones entre los dos países. Sin embargo, los subsecuentes desarrollos del proceso político portugués la obligaron a permanecer a la expectativa.

La Revolución de los Claveles de 1974 en Portugal cerró una era de relaciones entre este país y Brasil, basada en cierto grado de identificación política y en similitudes culturales, con el imperio africano como factor principal de cohesión. Con la caída de Caetano y con la independencia de las colonias africanas, el gobierno militar brasileño abandonó la política de la "comunidad luso-brasileña" por carecer ahora de sentido, y Portugal pasó a ser, para Brasilia, un país con la categoría de España o Yugoslavia en sus relaciones internacionales.

---

[154] "Brazil: the continental strategy", *op. cit.*, p. 10.

BIBLIOGRAFÍA

LIBROS

Aguilar Monterde, Alonso, *Pan-Americanism from Monroe to the present: a view from the other side,* Nueva York, Monthly Review Press, 1968.

Alcázar, José Luis, y José Baldivia, *Bolivia: otra lección para América,* México, Ediciones Era, 1973.

Arraes, Miguel, *Brasil: pueblo y poder,* México, Ediciones Era, 1972.

Badía, Carlos, *El factor geográfico en la política suramericana,* Madrid (s. e.), 1919.

Bailby, Edouard, *Brasil, país chave do terceiro mundo,* Río de Janeiro, Editôra Tempo Brasileiro, 1967.

Bailey, Norman, *Latin America in world politics,* Nueva York, Walker and Company, 1967.

Baklanoff, Eric (comp.), *New perspectives of Brazil,* Nashville, Vanderbilt University Press, 1966.

Baklanoff, Eric, *The shaping of modern Brazil,* Baton Rouge, Luisiana University Press, 1966.

Barber, Willard F. y Neale C. Ronning, *Internal security and military power: counterinsurgency and civic action in Latin America,* Columbus, Ohio University Press, 1966.

Barnet, Richard J., *Intervention and revolution: the United States in the third world,* Nueva York, The World Publishing Company, 1968.

Bell, Peter D., "Brazilian-American relations", en Riordan Roett (comp.), *Brazil in the sixties,* Nashville, Vanderbilt University Press, 1972.

Bello, José María, *A history of modern Brazil, 1889-1964,* Stanford, Stanford University Press, 1968.

————, *Historia da república,* São Paulo, Companhia Editôra Nacional, 1969.

Bergsman, Joel, *Brazil: industrialization and trade policies,* Londres, Oxford University Press, 1970.

Burns, E. Bradford, *Nationalism in Brazil: a historical survey,* Nueva York, Frederick A., Praeger Publishers, 1968.

———, *The unwritten aliance: Rio-Branco and Brazilian-American relations,* Nueva York, Columbia University Press, 1966.

———, "Tradition and variation in Brazilian foreign policy", en Astiz, Alberto, y Mary F. McCarthy (comps.), *American international politics: ambitions, capabilities, and the national interest of Mexico, Brazil and Argentina,* Notre Dame, University of Notre Dame Press, 1969.

———, *A documentary history of Brazil,* Nueva York, Alfred A. Knopf, 1966.

Burr, Robert N., *Our troubled hemisphere: perspectives on United States-Latin American relations,* Washington, The Brookings Institution, 1967.

Caputo, Orlando, y Roberto Pizarro, *Imperialismo, dependencia y relaciones económicas internacionales,* Santiago de Chile, *Cuadernos de Estudios Socioeconómicos,* Centro de Estudios Socioeconómicos, CESO. 1970.

Cardoso, Fernando Henrique, *Autoritarismo e democratização,* Río de Janeiro, Editôra Paz e Terra, 1975.

———, "El modelo político brasileño", en *Estado y sociedad en América Latina,* Buenos Aires, Ediciones Nueva Visión, 1972.

Carr, Raymond, "The cold war in Latin America", en Plank, John (comp.), *Cuba and the United States: long-range perspectives,* Washington, The Brookings Institution, 1967.

Conil Paz, A. y G. Ferrari, *Política exterior argentina 1932-1962,* Buenos Aires, Editorial Manuales Huemal (s. f.).

Connell-Smith, Gordon, *El sistema interamericano,* México, Fondo de Cultura Económica, 1971.

Cotler, J. y R. Fagen (comps.), *Relaciones políticas entre América Latina y Estados Unidos,* Buenos Aires, Amorrortu Editores, 1974.

Dantas, San Tiago, *Política externa independiente,* Río de Janeiro, Editôra Civilização Brasileira, S. A., 1962.

De Carvalho, Delgado, *História diplomática do Brasil,* São Paulo, Companhia Editôra Nacional, 1969.

De Sousa Sampaio, Nelson, "The foreign policy of Brazil", en Black, Joseph, E., y Kenneth W. Thompson (comps.), *Foreign policy in a world of change,* Nueva York, Harper and Row, 1963.

Do Couto e Silva, Golbery, *Geopolitica do Brasil,* Río de Janeiro, Livraria José Olympo Editôra, 1967.

Dos Santos, Theotonio, "The changing structure of foreign investment in Latin America", en Petras, James y Maurice, Zeitlin, (comps.), *Latin America: reform or revolution?*, Nueva York, Fawcett Publications, Inc., 1968.

Einaudi, Luigi R., "La política de Estados Unidos hacia América Latina en la década de 1960: ¿nuevas formas de control?, en Cotler, J., y D. Fagen, (comps.), *Relaciones políticas entre América Latina y Estados Unidos*, Buenos Aires, Amorrortu Editores, 1974.

Ferreira, Oliveros S., "La geopolítica y el ejército brasileño", en Beltrán V. R., (comp.), *El papel político y social de las fuerzas armadas*, Caracas, Monte Ávila Editores, 1970.

Furtado, Celso, *Um projeto para o Brasil*, Río de Janeiro, Saga, 1969.

―――, *El desarrollo económico: un mito*, México, Siglo XXI, 1975.

Gil, Federico G., *Latin America-United States relations*, Nueva York, Harcourt Brave Jovanovich Inc., 1971.

Gomes, Raymundo Pimentel, *O Brasil entre las cinco maiores potencias*, Río de Janeiro, Leitura, 1964.

Gonçalves, Raúl Botelho, *Proceso del imperialismo del Brasil (de Tordesillas a Roboré)*, La Paz, Bolivia, s. e.

Ianni, Octavio, *Crisis in Brazil*, Nueva York, Columbia University Press, 1970.

―――, *Sociología del imperialismo*, México, SepSetentas, 1974.

Jerome, Slater, *The OAS and the United States foreign policy*, Columbus, Ohio State University Press, 1967.

Johnson, John J., *Militares y sociedad en América Latina*, Buenos Aires, Ediciones Solar, 1966.

Leff, Nathaniel, *Economic policy-making and development in Brazil 1947-1964*, Nueva York, Wiley Inc., 1965.

Liewen, Edwin, *Generales contra presidentes en América Latina*, Buenos Aires, Ediciones Siglo XX, 1966.

―――, *U. S. policy in Latin America: a short history*, Nueva York, Frederick A. Praeger Publishers, 1970.

Lozinov, Dimitri, "Evolución del nuevo diálogo", en el núm. 3, 1975 de la revista moscovita *Miezhdunaródnaya Zhizn (Vida internacional)*, reproducido en *Panorama Latinoamericano*.

Marini, Ruy Mauro, *Dialéctica de la dependencia*, México, Ediciones Era, 1973.

———, *Subdesarrollo y revolución*, México, Siglo XXI, 1974.

Martins, Carlos Estevan, *Brasil-Estados Unidos: dos 60 aos 70*, São Paulo, Centro Brasileiro de Análisis e Planejamento, Cuadernos CEBRAP, 9, 1972.

McCann Jr., Frank, *The Brazilian-American alliance 1937-1945*, Princeton, University of Texas Press, 1973.

Mecham, J. Lloyd, *The United States and Inter American security 1889-1960*, Austin, University of Texas Press, 1961.

Mendoça, Renato de, *El Brasil en la América Latina*, México, El Colegio de México, 1943.

Nixon, Richard, *U. S. foreign policy for the 1970's building for peace: a report to the congress by Richard Nixon*, Government Printing Office, 25 de febrero de 1971.

Oglesby, Carl y Richard, Schaull, *Containment and change*, Nueva York, MacMillan, 1967.

Pereira, Luis Carlos B., *Desenvolvimento e crisis no Brasil*, São Paulo, Editôra Brasiliense, 1972.

Petras, James, "The United States and the new equilibrium in Latin America", publicado en la obra del mismo autor, *Politics and social structure in Latin America*, Nueva York y Londres, Monthly Review Press, 1970.

Pinto, Aníbal, "Las relaciones económicas entre América Latina y Estados Unidos: algunas implicaciones y perspectivas", en Cotler, J. y D. Fagen (comp.), *Relaciones políticas entre América Latina y Estados Unidos*, Buenos Aires, Amorrortu Editores, 1974.

Quiroga Santa Cruz, Marcelo, *El saqueo de Bolivia*, Buenos Aires, Editorial Crisis, 1973.

Ríos, José Arthur, "Los militares y el poder en Brasil", en Beltrán, Virgilio R., (comp.), *El papel político y social de las fuerzas armadas*, Caracas, Monte Ávila Editores, 1970.

Rodrigues, José Honório, "The foundations of Brazil's foreign policy", en Astiz, C. A., y M. F. MacCarthy (comps.), *Latin American international politics: ambitions, capabilities and the national interest of Mexico, Brazil and Argentina*, Notre Dame, University of Notre Dame Press, 1969.

Rouquié, Alain, "Military revolutions and national independence in Latin America, 1968-1971", en Schmitter, Philippe C. (comp.), *Military rule in Latin America: functions, consequences and perspectives*, Beverly Hills, SAGE Publications, 1973.

Saunders, John (comp.), *Modern Brazil: new patterns and development*, Gainesville, University of Florida Press, 1971.
Schneider, Ronald, *The political system of Brazil: emergence of a "modernizing" authoritarian regimen, 1964-1970*, Nueva York, Columbia University Press, 1971.
Serra, José, *El "milagro" económico brasileño, ¿realidad o mito?*, Buenos Aires, Ediciones Periferia, 1972.
Silvert, Kalman H., "A hemispheric perspective" publicado en John Plank (comp.), *Cuba and the United States: long-range perspectives*, Washington, The Brookings Institution, 1967.
Singer, Paulo Israel, *Desenvolvimento e crise*, São Paulo, Difusão Européia do Livro, 1968.
———, *O "milagre brasileiro": causas e consecuencias*, São Paulo, Centro Brasileiro de Análise e Plajamento (CEBRAP), Cuadernos CEBRAP 6, 1972.
Skidmore, Thomas E., *Politics in Brazil, 1930-1954: an experiment in democracy*, Nueva York, Oxford University Press, 1967.
Sodré, Nelson Werneck, *Brasil: radiografía de un modelo*, Buenos Aires, Editorial Orbelus, 1972.
Stepan, Alfred, *Brasil: los militares y la política*, Buenos Aires, Amorrortu Editores, 1971.
Stuart, Graham, *Latin America and the United States*, Englewood Cliffs, (6ª ed.), N. J. Prentice Hall, 1975.
Szulc, Tad, "Exporting the Cuban revolution", publicado en Plank, John (comp.), *Cuba and the United States: long-range perspectives*, Washington, The Brookings Institution, 1967.
Tamames, Ramón, *O Brasil e a integração economica de América Latina*, Buenos Aires, Instituto para la Integración de América Latina (INTAL), Banco Interamericano de Desarrollo, 1969.
Tambs, Lewis A., "Geopolitical factors in Latin America", en Bailey, Norman (comp.), *Latin American politics, economics and hemispheric security*, Bailey, Center for Strategic Studies, Nueva York: Frederick A. Praeger Publishers, 1965.
Tavares, Maria C., "Más allá del estancamiento: una discusión sobre el desarrollo reciente del Brasil", en Petras, James (comp.), *América Latina: economía y política*, Buenos Aires, Ediciones Periferia, 1972.

Travassos, Mario, *Proyección internacional del Brasil*, vol. 273 de la Biblioteca del Oficial, Buenos Aires, 1941.

Trías, Vivian, *Imperialismo y geopolítica en América Latina*, Buenos Aires, Editorial Cimarrón, s. f.

Tyson, Brady B. "Brazil", en Davis, Harold, y Larman Wilson (comps.), *Latin American foreign policy: an analysis*, Baltimore & London, The Johns Hopkins University Press, 1975.

Vianna, Hélio, *História diplomática do Brasil*, Río de Janeiro, Ediçôes Melhoramentos, 1958.

Victor, Mario, *Cinco anos que abalaram o Brasil (de Jânio Quadros ao Marechal Castelo Branco)*, Río de Janeiro, Editôra Civilizaçâo Brasileira, 1965.

Werner, Baer, e Isaac Kerstensestzky, "The Brazilian economy", en Riordan Roett (comp.), *Brazil in the sixties*, Nashville, Vanderbilt University Press, 1972.

Wionczek, Miguel S., "El endeudamiento público externo y los cambios sectoriales en la inversión privada extranjera de América Latina", en Jaguaribe *et al.*, *La dependencia político-económica de América Latina*, México, Siglo XXI, 1971.

Wolpin, D. Miles, *Military aid and counterrevolution in the third world*, Lexington, Lexington Books, 1972.

TESIS

Piñeyro, José Luis, *El profesional ejército mexicano y la asistencia militar de Estados Unidos: 1965-1975*, tesis de licenciatura en relaciones internacionales, México, El Colegio de México, Centro de Estudios Internacionales, 1976.

Valero Becerra, Ricardo, *Fundamento y tendencias de la política exterior brasileña*, tesis de licenciatura en relaciones internacionales, México, El Colegio de México, Centro de Estudios Internacionales, 1970, 2 vols.

Vargas Foronda, Oscar, *Geopolítica, poder militar y desarrollo económico en Brasil*, México, El Colegio de México, Centro de Estudios Internacionales, 1973.

ARTÍCULOS

"Acuerdos de Nueva York", en *Veja: revista semanal de informações*, 18 de julio de 1973, p. 41.

Alves, Hermano, "Brazil: martial mythologies", en *Latin American Review of books*, núm. 1, primavera de 1973, London & Leers, publicado por Latin American Review of Books Ltd.

"Argentina-Brasil: la puja del átomo", en *Informe Económico Latinoamericano*, núm. 5, marzo de 1975, año 1, pp. 19-147.

Bailby, Edouard, "El Brasil de los coroneles", publicado en *Marcha*, 29 de septiembre de 1972, núm. 1612.

Barnet, Richard, "El nuevo disfraz de la CIA", publicado en *Marcha*, 14 de julio de 1972, núm. 1601.

Borrat, Héctor, "Brasil a los cuatro vientos", publicado en *Marcha*, 24 de noviembre de 1972, núm. 1620.

―――, "El encuentro Garrastazú-Bánzer: el cóndor y el cruzeiro", publicado en *Marcha*, 7 de abril de 1972, núm. 1587.

―――, "Los acuerdos de Brasilia", publicado en *Marcha*, 24 de marzo de 1972, núm. 1586.

―――, "Los anuncios de una política exterior peronista: 'unidos o dominados' ", publicado en *Marcha*, 13 de abril de 1973, núm. 1639.

―――, "¿Acuerdo en la cuenca?", publicado en *Marcha*, 20 de octubre de 1972, núm. 1615.

―――, "Las fronteras en cuestión", publicado en *Marcha*, 10 de marzo de 1972, núm. 1589.

"Brazil, a major contender in the arms business", en *Business Week*, 31 de julio de 1978, núm. 14115, pp. 45-46.

"Brasil en la antesala nuclear", publicado en la edición en español de *The Economist*, 28 de julio de 1967.

"Brazil: the continental strategy", en *NACLA's Latin America & Empire Report*, IX, 4, mayo-junio de 1975.

Briones, Álvaro, "Neofascismo y nacionalismo en América Latina", *Comercio Exterior*, México, Banco Nacional de Comercio Exterior, vol. 25, núm. 7, julio de 1975.

Camilión, Oscar, "As relações entre o Brasil e a Argentina no mundo actual", en *Revista Brasileira de Política Internacional*, núm. 45/46, marzo-junio de 1965, Río de Janeiro.

"Chile: el informe de Amnesty", publicado en *Marcha*, 25 de enero de 1974, núm. 1650.

Cochrane, James, D., "Las posiciones de Humphrey y de Nixon frente a América Latina: una nota", en *Foro Internacional*, revista trimestral publicada por el Colegio de México, vol. IX, 2, 343, octubre-diciembre de 1968.

―――, "U. S. policy toward recognition of governments and promotion of democracy in Latin America since 1963", publicado en el *Journal of Latin American Studies*, Cambridge, Cambridge University Press, vol. 4, parte 2, noviembre de 1972.

Connell-Smith, Gordon, "Inter-American relations in the 1970's", publicado en *Bolsa Review*, vol. 5, núm. 57, septiembre de 1971.

Correa, P. H. da Rocha, "Unámonos a Brasil", publicado en *Marcha*, 24 de agosto de 1973, núm. 1654.

"Energía nuclear: uma forte nação pacífica", en *Veja: revista semanal de informações*, 12 de julio de 1975, pp. 20-23.

"Foreign aid to Brazil: priming the pump and waiting for the trickledown", en *NACLA's Latin America & Empire Report*, vol. VII, núm. 4, abril de 1973, pp. 14-22.

Galeano, Eduardo, "El 'Destino Manifiesto' llama a la puerta", publicado en *Marcha*, 17 de diciembre de 1971, núm. 1574.

Gall, Norman, "Atoms for Brazil, dangers for all", en *Foreign Policy*, núm. 23, verano de 1976, pp. 155-201.

Garasino, Luis, "Explosión atómica en la India: proyección eventual en América Latina", en *Estrategia*, mayo-junio de 1974, pp. 91-97.

García Lupo, Rogelio, "Bolivia con la geopolítica a su favor", publicado en *Marcha*, 9 de enero de 1970, núm. 1477.

―――, "La derrota argentina en Bolivia", publicado en *Marcha*, 9 de octubre de 1970, núm. 1514.

González Aguayo, Leopoldo, "Las zonas de influencia latinoamericanas", publicado en *Cuadernos Americanos*, vol. CXCI, núm. 6, México, noviembre-diciembre de 1973.

Guzmán Galarza, Mario V., "Uruguay: una victoria diplomática brasileña y sus consecuencias", en *El Día*, México, 10 de julio de 1975.

"La sombra de la Cisplatina, Uruguay y Brasil", publicado en *Marcha*, 30 de julio de 1971, núm. 1554.

Lafer, Celso, "Una interpretación del sistema de las relaciones internacionales del Brasil", en *Foro Internacional*, revista trimestral publicada por El Colegio de México, vol. IX, núm. 3, enero-marzo de 1969.

"Los acuerdos de La Paz", en *Veja: revista semanal de informações*, 18 de julio de 1973, p. 20.

"Los lazos económicos superan discrepancias", en *Visión: la revista interamericana*, vol. 33, núm. 13, 24 de noviembre de 1967.

Lucena, Luiz Carlos, "Brasil descubre al África, en *Visión: la revista interamericana*, vol. 50, núm. 9, 21 de abril de 1978, pp. 5-13.

Magdoff, Harry, "Aspectos económicos del imperialismo", publicado en el número 35 de la edición en español del *Monthly Review*.

Marini, Ruy Mauro, "La 'interdependencia' brasileña y la integración imperialista", publicado en la edición en español del *Monthly Review* de marzo de 1968.

Marini, Ruy Manuro y Olga Pellicer, "Militarismo y desnuclearización en América Latina. El caso de Brasil", en *Foro Internacional*, revista trimestral publicada por el Colegio de México, VIII, 1, julio-septiembre de 1967, pp. 1-24.

McCann Jr., Frank, "Aviation diplomacy: United States and Brazil, 1939-1941", en *Inter-American Economic Affairs*, núm. 24, primavera de 1968.

Nelson, James, "Alarma a EU y Brasil que Argentina proyecte edificar una planta reprocesadora de plutonio", en *Excelsior*, México, 10 de noviembre de 1978.

Niedergang, Marcel, "Bolivia: la secesión de Santa Cruz", publicado en *Marcha*, 17 de mayo de 1973.

Núñez, Carlos, "Washington: estrategia, seguridad nacional y satélites", publicado en *Marcha*, 16 de mayo de 1969, núm. 1448.

"Ocho convenios: Brasil controla recursos naturales", publicado en *El Cronista Comercial*, Buenos Aires, s. f., reproducido en *Excelsior*, Sección pensamiento iberoamericano, 16 de junio de 1974.

Payno, Ana, "Brasil otra vez gendarme de América Latina", en *Cuadernos Americanos*, México, mayo-agosto de 1973.

Pereira, Luiz Carlos Bresser, "El nuevo modelo brasileño de desarrollo", publicado en *Investigación Económica*, México, UNAM, Escuela Nacional de Economía, octubre-diciembre de 1974.

Prieto, Daniel, "Brasil: potencia emergente", en *Visión: la revista interamericana,* vol. 47, 4, 1º de agosto de 1976.
Quadros Jânio, "Brazil's new foreign policy", en *Foreign Affairs,* vol. 40, núm. 1, octubre de 1961, pp. 17-19.
Rodrigues, José Antonio, "La política internacional del Brasil en África, en *Foro Internacional,* revista trimestral publicada por El Colegio de México, IV, enero-marzo de 1964, pp. 347-349.
Ronfeldt, David y Sereseres, Caesar, "U. S. arms transfers, diplomacy and security in Latin America and beyond", mimeografiado, octubre de 1974.
Schilling, Paulo R., "Brasil bajo la inspección imperial", en *Marcha,* 9 de enero de 1970, núm. 1491.
————, "Brasil, la rebelión de los cipayos", en *Marcha,* 16 de julio de 1971, núm. 1552.
————, "Brasil: doce duros y fértiles meses", publicado en *Marcha,* 30 de diciembre de 1969, núm. 1476.
————, "Brasil de golpe en golpe", publicado en *Marcha,* 5 de septiembre de 1969, núm. 1461.
————, " Brasil hacia el peruanismo " publicado en *Marcha,* 8 de mayo de 1970, núm. 1492.
————, "El fascismo subdesarrollado y el expansionismo", publicado en *Marcha,* 19 de noviembre de 1971, núm. 1570.
————, "Brasil: una gran potencia", en *Marcha,* 30 de diciembre de 1971, núm. 1576.
————, "Brasil 'protector' de Bolivia", publicado en *Marcha,* 21 de abril de 1972, núm. 1589.
————, "Brasil: un satélite difícil", publicado en *Marcha,* 20 de octubre de 1972, núm. 1615.
————, "¿Una nueva triple alianza?", publicado en *Marcha,* 14 de mayo de 1971, núm. 1543.
————, "Brasil: una estrategia y dos tácticas", publicado en *Marcha,* 4 de junio de 1971, núm. 1545.
————, "Geopolítica del subimperio", publicado en *Marcha,* 24 de diciembre de 1970, núm. 1525.
Schvarz, Niko, "El operativo 'cono sur' en marcha", publicado en *Marcha,* 24 de julio de 1970, núm. 1503.
"Secuestros y geopolítica", publicado en *Marcha,* 21 de agosto de 1970, núm. 1507.
Seara Vázquez, Norberto, "Teoría de las zonas de influencia", en *Revista Mexicana de Ciencia Política,* México, UNAM, núm. 63, vol. 2, enero-marzo de 1971, pp. 25-32.

Selser, Gregorio, "Brasil la cenicienta, Argentina la princesa", publicado en *Marcha*, núm. 986.

———, "El Pentágono impone las reglas del juego", en *Nueva Política*, vol. II, núms. 5-6, abril-septiembre de 1977, pp. 293-316.

Simons, Marlise, "Brazilian anti-Allende coup", en *Washington Post*, 8 de enero de 1974.

Szulc, Tad, "Northeast Brasil poverty breeds threat of a revolt", en *New York Times*, 31 de octubre de 1962.

———, "Washington sends 'warmest' wishes to Brazil's leaders", *New York Times*, 3 de abril de 1964.

DOCUMENTOS

Goulart, João, presidente de Brasil (1961-1964), *Mensagem ao Congresso Nacional 1962*, Brasilia, Departamento de Imprensa Nacional, 1962.

Castelo Branco, Humberto, *Entrevistas 1964-1965*, Brasilia, Secretaría de Imprensa Nacional, 1964.

———, *Discursos*, Brasilia, Secretaría de Imprensa Nacional, 1964.

Silva, Arthur da Costa e, presidente de Brasil (1967-1969), *Mensagem ao Congresso Nacional 1968*, Brasilia, Departamento de Imprensa Nacional, 1968.

———, *Mensagem ao Congresso Nacional 1969*, Brasilia, Departamento de Imprensa Nacional, 1969.

Brasil, Ministério das Relações Exteriores, *Documentos de política externa 1968-1969*, III, Brasilia, 1970.

———, *Documentos de política externa (del 31 de outubro de 1969 a 21 de dezembro de 1970)*, IV, Brasilia, 1972.

———, *Documentos de política externa 1971*, V, Brasilia, 1973.

Médici, Emílio Garrastazu, presidente de Brasil (1969-1974), *Mensagem ao Congresso Nacional 1974*, Brasilia, Departamento de Imprensa Nacional, 1974.

Brasil, Ministério das Relações Exteriores, *Resenha de política exterior do Brasil*, VII, año II, octubre-diciembre de 1975.

Geisel, Ernesto, presidente de Brasil, *Mensagem ao Congresso Nacional 1975*, Brasilia, Departamento de Imprensa Nacional, 1975.

papel ediciones crema de papelera san juan, s.a.
impreso en talleres gráficos victoria, s.a.
privada de zaragoza 18 bis, méxico 3, d.f.
tres mil ejemplares y sobrantes para reposición
14 de agosto de 1980

www.ingramcontent.com/pod-product-compliance
Lightning Source LLC
Chambersburg PA
CBHW051754040426
42446CB00007B/361